대 한 민 국
최 고 의
C E O

대한민국 최고의 CEO

이주민 지음

MIRAE
BOOK

한국을 움직이는 최고의 CEO

21세기는 국경 없는 글로벌 무한 경쟁 시대다. 국적과 인종을 초월하는 치열한 경쟁무대에서 어느 누구든 진취적인 혁신과 역동적인 창조 없이는 CEO에 오를 수 없을뿐더러 성공적인 결과를 얻을 수 없다. 평사원에서 출발하여 한국 최고 CEO의 자리에 오르기까지 끊임없는 도전과 열정, 그리고 경영혁신이 없었다면 불가능했을 것이다.

한국 최고 CEO들의 경영마인드는 다양한 모습으로 추진되고 실행되어왔다. 그럼에도 불구하고 여기에 공통점이 있다면 그것은 바로 꾸준한 경영혁신, 창조, 초일류 기업을 지향하는 실행전략을 기반으로 하는 기업의 경영철학, 고유의 리더십이다. 그러한 기반 위에서 그들은 기업을 성장, 발전시켰으며 CEO로서 성공한 것이다.

평사원에서 출발하여 경영인의 위치에 이른 CEO든 자기 스스로 창업이라는 가시밭길을 걸어 CEO의 위치에 있든 상관없이 CEO로서 갖추어야 할 마인드와 여러 조건들을 제대로 충족시켰기에 그 자리에 이른 것이다. 그들은 각자 걸어온 길도 다르고, 추구하는 목표도 달랐으며 경영철학도 다르고, 마인드에 차이가 있었다. 또한 성장과정이나 CEO가 되기까지의 과정도 다양하다. 따라서 모든 CEO를 획일적으로 평가해서는 안 된다. 그들은 저마다 독특한 색깔이 있고, 특성이 있다.

그들이 그 자리에 오를 수 있었던 이유와 원인은 여러 가지가 있겠으나 그중에서 특히 뛰어난 점을 찾아보았다.

CEO가 되고 싶다면 적어도 우리나라 최고 CEO를 바라보고 그들로부터 배워야 한다. 비록 그들 곁에서 직접 배우지는 못할지라도 책이나 언론 매체를 통해서라도 그들의 사상과 경영마인드를 배워야 한다. 무엇보다도 그들이 최고 CEO가 된 결정적인 동기를 찾아서 익히고 배워야 한다.

본서는 우리나라를 이끌고 있는 최고 CEO들의 성공 동기와 경영마인드 29가지를 택한 후 그에 맞는 CEO를 찾아 그들이 삶을 통해서 어떻게 동기를 실현했으며, 경영을 통해서 어떻게 경영마인드를 구현했는지, 그 결과는 어떠했는지를 알아보았다.

이것은, CEO를 지망하는 모든 젊은이는 물론 현재 기업에 종사하는 많은 직장인이 성공하기 위해 반드시 배워야 할 핵심 과제들이다.

물론 어떤 동기나 경영마인드가 그 CEO에게만 해당되는 것은 아니다. 어느 CEO에게서든 찾을 수 있는 것도 있으나 가장 두드러지게 나타난 동기와 경영마인드를 중심으로 그 CEO를 택하였다.

본서에서 제시한 최고의 CEO들은 지금까지 한국의 경제를 이끌어왔으며 앞으로도 한국의 미래를 이끌어갈 것이다. 따라서 귀감이 되기에 충분하다. 본서에 소개된 CEO 중에 현직에서 물러났거나 다른 기업으로 옮긴 CEO도 있다. 그럼에도 불구하고 소개한 것은 그 분야와 경영마인드에서 탁월한 존재이기 때문이다.

CEO를 꿈꾸는 모든 젊은이가 본서를 통해 최고 CEO들의 경영마인드와 전략을 배우고 꿈을 이루기를 바라마지 않는다.

CONTENTS

PART 1

개혁

"제대로 하자. 하루 두세 시간만 일해도 된다. 나머지는 잠에 누워도 좋다.
마누라, 자식 빼고 다 바꾸자.
내가 회장 자리에 앉아 보자는 생각을 가져보자."

이건희
삼성그룹 회장

개혁에
승부를
걸었다

이건희 회장의 개혁

월간지 포브스코리아가 국내 CEO 200인에게 '한국의 대표 CEO는 누구인가'라는 설문 조사를 했다. 응답자 중 약 4분의 3인 74명이 이건희 회장을 꼽았다.

국내 조그마한 기업에 불과했던 삼성을 회장에 취임한 지 26년 만에 2013년 1분기 매출이 52조 원에 달하는 세계적 기업으로 만든 이건희 회장. 그의 비결은 한마디로 끊임없는 개혁이다. 이 회장은 삼성을 국내 최고의 기업으로 발전시킨 동시에 자신의 위상 역시 우리나라 최고 자리에 올려놓았다. 그 원동력인 '개혁'에 대해서 알아보자.

제1차 개혁, 신경영 탄생

기업이나 조직에서 개혁은 안주하지 않고 미래를 준비하는 과정이다.

그런데 CEO라고 누구나 개혁을 할 수 있는 것은 아니다. 개혁을 하려면 사내외 모두가 공감할 만한 명분과 이유가 있어야 하며, CEO가 힘이 있어야 한다.

이건희 회장은 카리스마가 넘친다.

1993년 6월 7일 독일, 프랑크푸르트 남쪽의 노이젠부르크에 있는 켐핀스키 그라벤브루흐 호텔에 넥타이에 정장을 한 한국 신사들 100명이 속속 도착하고 있었다. 그들은 모두 삼성 임원이었다. 삼성본관이 아닌 멀리 독일에까지 모이게 한 것은 뭔가 특별한 이유가 있어서임을 감지한 삼성 임원들은 하나같이 표정이 굳어 있었다. 잔뜩 긴장한 채 모여 있는 삼성 임원들 앞에 역시 굳은 표정의 이 회장이 나타났다. 이 회장은 무겁게 입을 열었다.

> "지금부터 삼성 임직원 여러분은 외형 중시의 양적 사고를 버리고, 품질과 기능 위주의 질 중시 사고로 전환하라."

이렇게 하여 프랑크푸르트 선언이 선포되고 소위 '삼성 신경영'이 시작되었다.

'마누라와 자식만 빼고 다 바꾸라'는 말로 대변되는 신경영은 1987년 그룹 회장 취임 후에도 꿈쩍하지 않던 삼성그룹을 송두리째 뒤흔들었다. 본격적인 개혁은 1993년 7월 7일 삼성본관 대회의실에서 구체적으로 마련한 74제에서 시작되었다.

그러면 이 회장이 개혁의 칼을 빼들게 된 동기가 무엇일까?

개혁의 실마리가 된 세탁기 사건

1993년 6월 초, 이 회장은 삼성전자 사내방송팀으로부터 비디오테이프 하나를 건네받았다. 삼성전자 공장에서 세탁기를 제조하는 과정을 담은 비디오테이프였다. 비디오테이프를 본 이 회장은 대로했다. 그도 그럴 것이 비디오테이프에는 세탁기 제조팀이 세탁기 덮개 규격이 맞지 않아 닫히지 않자 급한 나머지 세탁기 뚜껑을 칼로 깎아내는 장면이 들어 있었던 것이다. 삼성 직원들 역시 경악을 금치 못했다.

'세탁기 사건'을 접하고 대로한 이 회장은 당시 프랑크푸르트에 모여 있던 임원진과 회의를 거듭했다.

이 회장은 세탁기 사건을 대하면서 양을 중시하는 경영의 문제점을 간파했다. 양을 중시하다 보니 저런 웃지 못할 사건이 일어났다는 것을 깨달은 이 회장은 개혁의 첫걸음으로 '질 위주의 경영'을 외쳤다.

또한 완벽을 추구하는 것으로 인식되었던 삼성에서 저런 불미스러운 사태가 일어나자 이 회장은 그동안 내부에 숨어 있던 삼성의 문제점이 세탁기 사건을 통해 적나라하게 나타난 것으로 받아들여 개혁을 시작한 것이다.

개혁의 내용

첫째, 출퇴근 시간의 변경이었다.

우선 삼성은 오전 8시 30분이었던 출근 시간을 오전 7시로 바꾸었고, 오후 5시 30분이었던 퇴근 시간을 오후 4시로 앞당겼다.

이것은 삼성만의 문제는 아니었다. 우리나라 직장인들은 대부분 8시나 9시에 출근하고 5시나 6시에 퇴근한다. 퇴근 후에는 끼리끼리 모여 술 한 잔 기울이면서 잡담을 나누다가 귀가하는 것이 직장인의 관행이었으며, 우리나라 직장인의 문화였다. 이런 문화의 문제점을 이 회장은 놓치지 않았다.

출근 시간을 앞당겨 업무 효율을 극대화하고, 퇴근 후 자기계발과 재충전의 시간을 갖도록 한 것이다.

둘째, 질 위주의 경영을 실천 중심으로 수립하였다. 과거의 문제점 도출과 그 해결방식 제시를 면밀히 검토·실행하고, 사내 보고서를 일체 없애고, 회의문화를 녹음으로 대체하였다. 또한 간접적으로 지원하는 부서의 인력 축소를 결의했다.

셋째, 임원들에게 현장을 찾아가도록 하였다.

"월요일과 수요일에만 회사 사무실로 출근하고 나머지 4일은 현장에서 근무하라."

삼성그룹 임원들에게 시달된 현장 근무 지침이다.

이 지침에는 이 회장의 개혁의 참된 의미가 담겨 있었다. 이 회장은,

개혁은 위로부터 하지 않으면 안 된다는 신념을 가지고 있었다. 따라서 그의 개혁 프로그램에서 사장·임원들은 옛날처럼 사무실을 지키는 게 아니라 현장을 뛰어야 하는 존재들이다. 즉, 임원들의 현장 근무는 단순히 장소의 변화가 아니라 의식의 개혁을 의미한 것이다.

넷째, 자율경영이다.

"경영자는 종합 예술가가 되어야 한다."

이 회장은 자율경영이 제대로 되려면, 경영자들은 종합예술가로서 진정한 간부가 되어야 한다는 경영관을 가지고 있었다. 지식이나 상식은 남에게 배울 수 있다. 그러나 지혜는 스스로 채우지 않으면 안 된다는 것이 이 회장의 생각이었다.

이 회장은 자율경영 능력은 마치 지혜를 깨우치듯 경영자 자신이 스스로를 채찍질해서 부단히 노력하고 많이 배우고 눈을 넓혀야 비로소 길러질 수 있음을 명심해야 한다고 강조한 것이다.

다섯째, 사고의 개혁이다.

이 사고 개혁이 이 회장의 개혁 최대 목표였다.

지금까지 형성된 타성의 벽을 송두리째 허물고 전혀 새로운 차원의 사고를 형성하라는 것이다.

삼성의 의식개혁은 삼성헌법 선언으로 그 정점에 이르렀다.

'인간미, 도덕성, 예의범절, 에티켓'의 네 가지 타이틀로 시작된 삼성헌법은 도덕불감증 치료를 위해 이 회장이 직접 제정하였다.

삼성헌법에서 무엇보다도 중요한 것은 인간미와 도덕성이다. 이것의 영향인지 몰라도 삼성에서는 도덕적으로 흠이 있는 사람은 살아남지 못한다.

삼성헌법으로 중무장한 삼성 직원들은 인간미, 도덕성을 갖춘 일류를 지향하며, 글로벌 기업으로 도약할 초석을 다지게 되었다.

품질경영의 첫 신호탄, 휴대폰 15만 대 소각과 애니콜 탄생

삼성 직원들이 질 중시 신경영을 뼈저리게 체험하게 된 동기는 휴대폰 15만 대 소각 사건이었다.

1994년 3월 9일, 무선 휴대전화기와 프린터 등을 생산하는 삼성전자 공장이 있는 구미에는 그날따라 봄비가 주룩주룩 내리고 있었다. 비가 오는 가운데 직원 2천여 명은 비를 맞으며 공장 마당에 모여 있었다. 그들은 자신들이 만든 제품이 불량품이라는 딱지가 붙은 채 불타오르는 광경을 침통한 표정으로 지켜보고 있었다. 엄청난 양의 제품들이 잿더미로 변해가는 모습을 보면서 직원들은 이 회장의 '질 중시 경영'의 중요성을 피부로 느꼈고 처음부터 다시 시작할 것을 다짐했다. 그 다짐은 마침내 애니콜을 탄생시킨 원동력이 되었다.

그리고 삼성의 '신경영'은 IMF 외환위기라는 메가톤급 위기가 닥쳤을 때 삼성이 다른 기업들보다 한 발 앞서서 구조조정을 실시하는 데까지 위력을 미치며 진가를 발휘하였다.

당시 이 회장의 개혁의 핵심 중 하나가 '변화'였다. 기업이나 사람이 변해야 산다는 것이었는데, 변해도 단순히 변하라는 게 아니었다. 이회장은 '송두리째' 변해야 한다고 강조하였다.

변화에는 두 가지 전제가 있었다. 하나는 '나부터 바꿔야 한다'는 것. '내가 안 바뀌는데 어떻게 사장이나 말단 사원이 바뀌겠느냐'는 반문이 나왔다. 또 하나는 '바꾸되 자율로 바꿔야 한다'는 것. 타율적으로 바꾸라고 해서 바뀌는 게 아니라는 것이다.

미래를 준비하기 위한 개혁

"21세기는 예상보다 더 빠르고 심하게 변화하고 있다. 삼성은 지난 10년간 21세기 변화에 대비해왔지만, 곧 닥쳐올 변화를 생각하면 턱없이 부족하다. 미래를 대비하기 위해서는 그룹 전체의 힘을 모으고 인재를 바꿔야 한다."

1997년에 불어닥친 개혁이 제도와 체질 그리고 의식의 개혁이었다면, 2010년에 단행한 개혁은 미래를 준비하기 위한 '새 판 짜기' 개혁이었다.

2010년 개혁에서 두드러진 것은 전략기획실이 해체된 지 2년 만에 다시 부활한 것이다.

삼성그룹 전략기획실은 그룹 전체 경영을 총괄관리하는 '컨트롤 타워'다. 또 전략기획실장은 이 회장의 분신이라고 할 수 있는 삼성의 제2인자 자리다. 그런 막중한 자리에 '영원한 삼성맨'이라고 불리던 이학수 부회장이 물러나고 김순택 부회장이 기용되었다. 이것은 큰 변화의 예고였다.

2010년 삼성전자는 연간 매출 사상 최초 154조 원을 기록하였다. 영업이익도 17조 원을 기록하였고, 매출은 지난해보다 13퍼센트 상승했으며, 영업이익은 56퍼센트나 상승했다. 이런 사상 유례 없는 성적을 냈음에도 불구하고 2010년 들어 이 회장은 수시로 의미심장한 말을 던졌다.

"앞으로 10년 내에 현재 삼성을 대표하는 사업과 제품이 사라질 수도 있다."

"삼성도 어려워질 수 있다."

이 회장의 일련의 발언은 마침내 전격적인 결단으로 이루어졌다. 바로 새로운 조직의 구축을 통해 '뉴삼성'을 이룩할 것임을 천명한 것이다. 그 첫 번째 조치가 전략기획실 부활과 김순택 부회장의 기용이다.

김 부회장은 삼성 SDI의 CEO로 재직한 10년 동안 회사의 주력 사업을 브라운관에서 PDP(플라즈마 디스플레이 패널)로 바꾼 데 이어 OLED(유기발광다이오드)와 2차전지를 성장동력으로 키워낸 주역이다. 김 부회장은 사양사업에서 과감하게 탈피해 시대 변화에 부응하는 신사업을 적극 개척하고 정착시킴으로써 기업 체질뿐만 아니라 정체성까지 확 뜯어 고친 인물이다.

따라서 김 부회장이 이끌 전략기획실은 예전의 기획실과는 차원이 달랐다. 이 부회장 시절의 전략기획실이 '조직관리'에 중점을 두었다면, 김 부회장의 전략기획실은 '신사업 추진'에 초점을 맞추었다.

이것은 "앞으로 10년 이내에 현재 삼성을 대표하는 제품과 사업이 사라질 수도 있다"는 이 회장의 말과 일맥상통하는 부분이다. 즉, 김 부회장은 이 회장의 생각에 맞는 인물이었다고 할 수 있다.

이 회장은 이대로 가다가는 삼성도 망할 수 있다는 위기감을 느꼈으며, 이 위기를 극복하기 위해 지금부터 미래성장을 이끌 신제품을 개발해야 한다고 생각했다.

김 부회장도 이 회장의 생각을 뒷받침하듯 "전략기획실은 과거보다 미래를 준비하는 조직이 될 것"이며, "신수종(新樹種), 신성장 사업을 위한 조직이 될 것"이라고 말하였다.

앞으로도 더욱 발전하여 명실상부한 세계 최고의 기업으로 성장할 것으로 전망된다.

이 회장에게는 카리스마가 넘친다. 카리스마란 상대를 압도하는 힘이 아니다. 사람들을 자기 주위로 끌어당기는 힘이다. 그것은 강요하지 않는 리더십이며, 구성원들의 자발적인 인정과 신뢰를 바탕으로 이루어지는 힘이다.

진정한 카리스마의 소유자는 싸우지 않고 이기는 힘이 있다. 그들은 자기표현력이 뛰어나고, 공감을 끌어내는 힘이 남다르고, 신뢰감과 설득력이 강하다. 무엇보다도 이 회장의 카리스마는 비전을 제시하는 힘이다. 즉, 비전은 이건희 회장의 카리스마 핵이다.

이 회장의 인재관

이 회장이 CEO를 뽑을 때 가장 중점을 두는 것은 무엇일까?

한마디로 '지행용훈평(知行用訓評)의 인물'을 뽑는다.

'지행용훈평'이란 다섯 가지 덕목을 일컫는 말인데, 기반기술이나 인재 등의 사업 핵심역량을 잘 안 다음(知), 아는 것을 솔선수범해서 행동으로 옮기며(行), 아랫사람을 적재적소에 배치하고(用), 가르칠 줄(訓)도 알고, 정확하게 평가할 줄 아는 것(評)'을 의미한다.

그의 인재관에 따라 선택된 삼성 임원들은 모두 퇴직 후에도 우리나라 각 기업에서 중추적 역할을 하고 있다. 그래서 삼성을 CEO사관학교라고까지 부르는 것이다.

최근 CEO로 활약하고 있는 사람들 중에 삼성 출신은 수없이 많으나 대표적으로 몇 명 뽑으라면, 신은철 한화생명 부회장, 임기영 전 대우증권 사장, 이진방 대한해운 회장 등을 들 수 있다.

경영철학

이 회장의 경영철학은 한마디로 중요한 순간마다 위기를 경계하며 끊임없이 변화를 주도하는 것이다. 모든 상황을 최악의 상황이라는 가정하에 해결책을 찾는 이 회장의 경영방침은 위기를 미리 내다보고 사전에 조직을 재정비한다.

> "위기는 새로운 도약의 계기가 될 수 있지만 모든 것을 빼앗아버리는 종말의 시작이 될 수도 있다."

시대에 앞서 변화를 주도한 그의 경영철학은 1993년 독일 프랑크푸르트에서 "마누라와 자식 빼고 다 바꾸라"고 역설한 소위 '신경영 프랑크푸르트 선언'에서 시작된다. 그해 삼성은 수량 중심 경영에서 품질경영 중심으로 기조를 완전히 바꾸었고, 아침 7시 출근, 오후 4시 퇴근이라는 새로운 근무제도를 시도하였다.

  그의 경영철학은 1995년에는 '준비경영'으로, 1998년에는 '비상경영'으로, 2000년에는 '글로벌경영'으로, 2006년에는 '창조경영'으로 이어졌다. 고비 때마다 화두 형식의 메시지를 명확하고 알기 쉽게 전해 기존 경영의 패러다임을 바꾸고 새로운 경쟁력을 확보하는 기반을 만들었다.

  이 회장은 자신의 경영철학을 전달하는 방법으로 허철부 명지대 교수의 말처럼 "짧게, 의표를 찌르고, 충격을 가하는 방식"을 채택하였고 삼성의 혁신을 이끌어 세계적인 기업으로 만들었다.

이건희 회장의 개혁

개인이나 기업의 문제점을 파악하여 솔직히 인정하라.

이 회장은 "삼성에 고질병이 있다"는 말로 삼성의 문제점을 재대로 파악
했다. 또한 그 문제점을 숨기려 하거나 미봉에만 그치지 않고 스스로 솔
직히 드러내고 인정하여 개혁이라는 메스를 들었다.

시대를 넘어서 멀리 바라보는 통찰력을 키워라.

1990년대는 모든 기업이 양을 추구하는 시대였다. 그러나 양을 추구하
다가 일어난 실수를 간과하지 않고 그것을 계기로 개혁을 시도했다.

불문율로 타성화된 관습을 과감히 버려라.

이 회장은 당시 직장인들이 오랫동안 습관화되어온 것의 문제점, 즉
5~6시 퇴근하여 술잔을 기울이고 자기계발을 소홀히 하는 관행을 과감
하게 개선하였다.

사고와 인식의 전환 없이 진정한 개혁은 불가능하다.

이 회장은 지금까지 형성된 타성의 벽을 송두리째 허물어 전혀 새로
운 차원의 사고를 형성하라고 하였다. 지금까지의 사고로는 발전이
없다고 본 것이다.

미래를 준비하라.

이 회장은 오늘에 위기의식을 느끼고 미래에 먹고살 수 있는 동력 산
업 개발에 박차를 가하기 위해 쉼없이 개혁의 칼을 빼들었다.

PART 2

도전정신

"우리나라의 붕괴를 가져오는 세 가지 문제, 즉 교육 문제와 부패와
글로벌 경쟁력을 해결하기 위한 문제의 꼭짓점에 여성이 있다."

김성주
성주그룹 회장

도전정신으로
모든 난관을
돌파하라

불공평한 사회를 목도하며 사업을 결심하다

대성산업 창업자인 고 김수근 씨의 막내딸로 태어난 김성주 회장은 남
부럽지 않은 가정에서 자랐다. 그런 김 회장이 부잣집 딸로서 당시 보
편화되고 평범한 길이었던 '좋은 신랑을 만나서 시집 가는 길'을 택하
지 않고, 여성으로서 험난한 가시밭길을 택하게 된 데는 몇 가지 커다
란 계기가 있다.

  김 회장의 인생에 첫 번째 커다란 전기가 찾아온 것은 중학교 2학년
때였다. 당시 그녀는 반장을 맡고 있었는데, 앞자리의 친구가 학교에
며칠째 나오지 않아 담임선생님과 함께 친구의 집을 찾아가게 되었다.
길을 물어서 골목길을 헤매며 찾아간 김 회장은 움막집에 살고 있는 친

구를 발견하고 너무나 충격을 받았다.

돈이 없어서 병원에도 가지 못하고 누워 있는 친구를 보면서 그녀는 사회가 너무 불공평하다는 것을 깨달았다. 그녀는 그 친구를 보고 자신의 부유한 가정에 만족하고 기쁨을 느끼기보다는 연민의 정을 넘어 이 불공평한 사회를 위해 자신이 해야 할 일이 있음을 깨달은 것이다. 그래서 김 회장은 사업을 하여 돈을 벌어서 사회에 환원하기로 결심하였다. 그렇게 하면 이런 불평등이 조금이라도 사라지리라고 생각한 것이다. 그것이 김 회장이 사업을 결심한 첫 번째 이유였다.

여성차별에 대한 도전

김 회장의 어린 시절 당시 한국 사회는 뿌리깊은 유교사상에 젖어, 여성은 오로지 가정에서 남편을 보필하고 자녀를 키우는 것이 가장 큰 덕목이요, 마땅한 의무라고 생각되고 있었다. 따라서 여성으로서 사업을 한다는 것은 어느 누구도 생각할 수 없는 일이었다. 그러나 김 회장은 다르게 생각하고 있었다.

'한국 여성은 사업을 해서는 안 되는 것인가? 외국에서는 여성들이 정계, 재계에 진출하여 중요한 역할을 하고 있는데 왜 우리나라는 불가능한 것인가?'

이런 의문이 그의 머리를 떠나지 않았다.

연세대학교 신학과를 졸업한 후 김 회장은 그런 여성차별에 맞서기 위해 부모님을 위시한 집안의 반대를 무릅쓰고 미국 유학을 결심했다.

유학자격고사에서 10대 1의 경쟁을 뚫고 합격하자 그는 아버지를 설득하여 마침내 미국행 비행기에 올라탔다.

김 회장은 미국에서 작은 하버드라고 불리는 앰허스트대학교에 입학하여 하루에 3~4시간만 자며 공부에 열중하였다. 교수의 강의를 녹음했다가 정리한 다음 친구의 노트를 빌려 비교하면서 외울 정도였다.

그렇게 열심히 공부하던 중 그녀가 사업을 시작한 결정적인 계기를 맞았다. 그녀는 유학 도중 이탈리아계 미국인 학생과 사랑에 빠졌다. 그녀가 결혼을 결심하자 진노한 그녀의 아버지는 그때부터 유학비를 보내지 않았던 것이다. 두 사람 중에 한 사람은 학교를 포기해야 될 형편에 이르자, 김 회장은 학교를 포기하고 할 수 없이 사업을 시작하였다.

여성 사업가로서 모든 도전을 이기다

그 후 복학하여 천신만고 끝에 대학을 졸업한 김 회장은 영국으로 건너가 영국 런던정경대학에서 공부를 마친 다음 한국에 돌아왔다. 그런데 사업을 시작하려는 참에 아버지의 반대에 부딪혀, 다시 앰허스트대학교 대학원에 입학하였다. 그녀가 미국에서 얼마나 열심히 공부하고 치열한 삶을 보냈는지는 1996년 미국 앰허스트대학교가 기금 마련을 위해 제작한 '학교를 빛낸 5인'이라는 홍보 비디오물에서 입증되고 있다. 그녀는 노벨상 수상자 2명과 함께 그 비디오에 출연하였고, 2000년에는 인문학 박사학위를 받은 앰허스트대학교 최초의 여성이 되었다.

귀국하여 사업을 시작하기로 결심한 그녀는 패션 전문업체인 '성주인터내셔널'을 설립했다.

여자의 몸으로 한국에서 사업을 한다는 것은 남성 위주의 가부장적인 사회 구조에 대한 도전이기도 했다. 그녀의 생활 자체는 시련의 연속이었다. 사업에서 남녀 구분이 없어야 하지만, 실제는 그렇지 않았다. 여성으로서 사업을 하면서 겪었던 애로점은 그녀의 말대로 책을 하나 쓰고도 남을 정도였다. 심지어 회사 내에 사업 부서를 만들어 능력 있는 남성들을 뽑았는데도 오지 않을 정도였다. 여자 사장 밑에서 어떻게 일을 하느냐는 것이었다. 밑으로 오라는 것이 아니라 옆으로 오라고 해도 오지 않았다.

그러나 김 회장은 이에 굴하지 않았다.

김 회장은 여성 CEO로서 단점만 있는 것이 아니라 장점도 있다고 말한다. 일단 성주인터내셔널이 판매하는 제품의 고객은 80퍼센트가 여성이기 때문에 여성 CEO가 유리하다고 말한다. 직접 옷을 입어보고 핸드백을 들어보면서 여성 입장에서 무엇이 잘못되었는가를 파악할 수 있다는 것이다. 경영에서도 여성은 수직적인 질서를 요구하지 않기 때문에 가족적인 회사 분위기를 만들 수 있어서 유리하다고 했다.

김 회장은, 여성들의 사회 진출은 여성들이 남성 영역을 빼앗는 것이 아니라고 말한다. 남성들이 하지 못하는 분야, 남성들보다 훨씬 더 잘할 수 있는 분야에 진출하여 쌍두마차 체제로 가야 한다고 강조한다.

첫 번째 도전의 성과

김 회장은 사업에 성공함으로써 여성도 사업을 할 수 있다는 것을 보여주었다. 그렇게 김 회장은 국내보다는 국제적으로 더 많이 알려진 여성 CEO가 되었다.

1997년에 세계경제포럼이 선정한 차세대 지도자 100인에 포함되었으며, 2001년에 아시아위크 선정 '아시아에서 가장 영향력 있는 여성', 2003년에는 CNN 선정 '새천년 리더', 월스트리트저널이 선정한 '주목해야 할 여성 기업인 50인'에 뽑히기도 했다.

부정과 관행에 대한 도전

미국에서의 경험을 바탕으로 유통업계에 발을 들여놓았지만 한국의 관행은 그에게 절망감을 심어주었다. 사업 초기에 만난 한 선배가 김 회장에게 이렇게 말했다.

"우리나라에는 세 가지를 잘해야 사업에 성공할 수 있다. 첫째는 술 접대를 잘해야 하고, 둘째는 뇌물을 잘 바쳐야 하며, 마지막으로는 상황에 따라 거짓말도 잘해야만 한다."

미국에서 사업을 시작한 김 회장으로서는 도저히 이해가 안 가는 말이었다. 그러나 그것은 부정할 수 없는 사실이요, 당시 한국 사회에 만연되어 있는 관행이었다.

당시에는 해외에서 제품이 들어와 세관을 통과할 때 뇌물을 주어야만 무사히 통과할 수 있었으며, 백화점에 입점하더라도 월정액을 주지 않으면 직원들이 윽박지르고, 몇십억 원의 매출을 올려도 쫓겨나기 십상이었다. 이것은 당시 기업을 하는 사람은 누구나 알고 있는 비밀이었으며, 그러려니 하며 그런 관행을 따라야만 하는 것으로 모두 생각하고 있었다. 그러나 김 회장은 그런 관행을 깨뜨리고 투명경영을 하겠다고 다짐했다.

뇌물을 요구하는 사람들에게 김 회장은 단호하게 거절했다. 그러면서 그는 거절하는 이유를 납득할 수 있게 말했다.

"당신이 돈이 없어서 아이에게 우유도 사서 먹이지 못한다면 돈을 주겠다. 그렇지 않다면 나라를 위해서도 줄 수가 없다."

그런 김 회장에게 말할 수 없을 정도로 많은 모욕과 고통이 따랐다. 그러나 김 회장은 결심했다.

'돈을 벌기 위해 탈세를 하고 이중장부를 만들지 않겠으며, 쉽게 해결하기 위해 뇌물을 바치지 않겠다. 그렇게까지 해서 돈 버는 사업가는 되지 않겠다.'

김 회장은 투명경영을 다짐한 것이다.

김 회장은 자신의 그러한 행동에 대해서 실(失)보다는 득(得)이 많았다고 평가를 내렸다. 그리고 스스로의 평가대로 투명경영을 통해 김 회장은 많은 성과를 보게 된다.

두 번째 도전의 성과

당시 만연한 관행과 부정에 대한 도전으로 투명경영을 해온 김 회장의 성과로는 우선 100년 전통을 자랑하는 막스 앤 스팬서의 국내 판권 경쟁에서 국내 대기업을 비롯하여 40여 곳을 제치고 이겼다는 점을 들 수 있다. 다윗과 골리앗의 싸움 이상으로 평가되었던 싸움에서 중소기업인 성주인터내셔널이 이긴 것은 그녀의 소신이 인정받은 것이라고 볼 수 있다. 후에 왜 성주인터내셔널을 뽑았느냐는 물음에 막스 앤 스팬서는 이렇게 말했다.

"투명경영을 하기 때문이다."

투명경영의 성과가 빛이 난 또 하나의 사건은 1997년 IMF 외환위기 때의 일이다.

당시 88개 매장과 490명의 직원을 두고 있던 김 회장은 IMF 외환위기로 인한 자금난으로 300억 원이 부족해 부도 위기에 몰렸다. 그러나 김 회장은 구치 판권을 무려 270억 원에 매각하여 위기를 모면하였다.

한 사업 분야를 270억 원이라는 거액으로 매각한 회사는 당시 성주인터내셔널이 유일하였다. 그것이 가능했던 것은 경영이 '투명'했기 때문이다. 인수 회사에서는 한국 기업이 탈세를 많이 하기 때문에 약점이 있을 것이라고 생각하고 세 차례나 조사를 반복했으나, 제출한 서류와 조금도 차이를 발견하지 못했다. 특히 성주인터내셔널은 감가상각 부분까지 있는 그대로 반영하였다. 이중장부도 없으니 속일 것이 없었던 것이다.

현재 성주그룹은 MCM브랜드를 갖고 있는 성주디앤디, 막스 앤 스팬서 라이선스 사업을 하는 성주머천다이징, 그리고 비영리법인인 성주법인으로 구성되어 있다. 성주디앤디의 지난해 연간 매출액은 200억 원이 넘는다. 이 모두가 자신의 한계를 도전하고, 관행과 비리에 도전하여 얻은 성과다.

김 회장은 급성장한 CEO처럼 보이지만 실제는 꾸준히 성장을 멈추지 않은 사람이었다. 그것은 계속 목표를 설정해가면서 앞으로 나아가고 있기에 가능한 일이다. 그는 안주하지 않고 계속 자신의 미래를 개척해나갔다. 그는 하나의 목표를 달성하면 다른 목표를 향해 도전해 나감으로써 마침내 오늘에 이른 것이다.

김 회장은 잠시 자신의 본업인 기업을 떠나 제18대 대선 때 새누리당 공동선대위원장으로 활동하며 박근혜 후보를 대통령으로 당선시키는 데 일등공신이 되었다. 하지만 정치에 몸담았던 4개월 동안 매출이 떨어져 200억 원 정도 손해를 봤다고 한다.

그녀는 2012년 12월 5일 서울에서 열린 '2012년 아시아 여성 리더스포럼'에 참석하여 '적극적인 여성이 되라'는 주제로 강연도 했다.

그녀가 설립한 성주재단은 성주그룹의 창립이념인 '믿음, 소망, 사랑'의 기독교 정신을 바탕으로 기업의 이윤을 사회에 환원하는 것을 사명으로 여긴다. 또한 더 체계적이고 영구적인 기업 차원의 봉사 활동을 펼치고 있다.

경영철학

김 회장의 경영철학은 다음 네 가지로 요약할 수 있다.

첫째, 신용으로 경영한다.

김 회장은 약속을 무엇보다도 중시한다. 그녀는 좀처럼 약속을 잘 하지 않으나 사업상 또는 개인적인 볼일로 약속을 하였을 때는 약속 장소에 항상 먼저 도착하여 상대를 기다린다. 그녀는 지금까지 약속 장소에 상대보다 1분이라도 늦게 도착한 예가 없을 정도로 약속을 칼처럼 지킨다.

둘째, 멀리 보고 투자한다.

그녀가 귀국해서 남성 위주의 가부장적인 사회에서 여성들을 상대로 옷 장사를 한다고 했을 때 주위에서 말렸으나 그는 멀리 보고 희망이 있다고 판단하였기에 과감하게 투자한 것이다.

셋째, 주식이나 부동산에 절대로 투자하지 않는다.

김 회장은 주식이나 부동산 등 노력하지 않고 돈을 버는 것에는 절대로 투자하지 않는다.

넷째, 기독교 이념을 실천한다.

독실한 기독교인인 김 회장은 믿음, 소망, 사랑이라는 기독교 이념을 사업에서도 실천하려고 노력하고 있다.

김성주 회장의 도전정신

넓은 마음으로 세상을 바라보라.

부잣집 딸로 태어난 김 회장은 고생하지 않고 평탄한 삶을 살 수 있었다. 그러나 중학교 2학년 때 가난한 친구를 보고 깨달은 바가 있어 사업을 해서 돈을 많이 벌어 사회에 환원하겠다는 마음을 갖게 되었다.

현실에 안주하지 마라.

김 회장은 부모의 말에 순종해야 하는 현실에 안주하지 않고 도전정신으로 여성이라는 벽을 넘어섰다.

관행이 옳지 않다고 생각하면 깨뜨리는 용기를 가져라.

김 회장은 한국에서 당시 관행시되던 여러 가지 비리를 과감하게 깨뜨려 투명경영을 실시하였다.

한계에 도전하라.

김 회장은 당시 사업은 남자가 해야 하고 여자는 시집이나 가서 살림을 해야 한다는 통념을 깨뜨리고 사업을 시작하여 오늘의 성주그룹의 대표가 되었으며, 세계가 인정하는 여성 CEO가 되었다.

정직은 지금은 손해인 것 같으나 길게 보면 득이 된다는 것을 명심하자.

김 회장은 정직한 기업인이었기에 IMF 외환위기를 극복할 수 있었다. 그녀는 정직이 당장은 손해인 것 같으나 나중에는 득이 된다는 것을 몸소 보인 인물이다.

PART 3

비전

"최고경영자에게는 경영자로서 할 일이 있고, 매니저에게는 매니저로서 할 일이 있다.
직원들의 자질과 능력을 파악해서 그에 부합하는 업무와 임무를 주고
그로 인해 회사도, 개인도 함께 성장할 수 있도록 하는 것이 CEO의 임무다."

원철우
前 듀폰코리아 사장,
現 ATMI코리아 회장

비전은
모든 위대한 일들의
출발이다

CEO를 꿈꾸다

원철우 전 듀폰코리아 사장은 서울대학교 재료공학과를 졸업한 후 대우실업에 입사하였으나 4년 만에 사표를 냈다. 남들은 그런 그를 이해하지 못했다. 왜냐하면 대우실업은 당시 직장인이라면 누구나 선망하는 곳이었기 때문이다. 모두 그런 회사에 들어가지 못해서 안달인데 사표를 내다니, 굴러온 복을 발로 차는 격이라고 수군거렸다. 그러나 그의 마음속에는 커다란 야심이 꿈틀거리고 있었다. 사업을 하겠다는 당찬 포부였으니, 즉 CEO를 꿈꾸고 있었다.

뜻이 있으면 길이 있다고 했던가. 그에게 예전 직장 동료가 한 회사를 소개해주었다. 신생 회사로 외국계 회사였다. 그는 고심 끝에 그 회사에 입사하기로 마음먹었다. 그가 마음을 굳힌 이유는 무엇보다도 그곳에서 자신의 야망을 이룰 수 있겠다는 가능성을 느꼈기 때문이다. 그는 세 번의 인터뷰를 마친 다음 입사했으니, 바로 듀폰코리아였다. 세계적인 화학 제품을 만드는 미국 회사였다.

영업을 마스터하다

듀폰코리아의 17번째 사원으로 출발한 그는 CEO가 되기 위해 반드시 거쳐야 할 첫 번째 과정으로 영업 마스터를 선택했다. 그가 영업을 마스터하기로 한 것은 영업이 곧 기업의 핵심이며, 영업을 모르고서는 유능한 CEO가 될 수 없다고 판단했기 때문이다. 또한 영업부는 CEO가 가장 애착을 갖는 부서이기도 했다.

병원에서 사용하는 엑스레이용 필름제품을 취급했기에 병원을 상대로 영업하다가 동창들을 만나 자존심이 상하는 일도 많았지만 꿋꿋하게 영업맨의 마인드를 축적해갔다.

그 후 전자제품 판매를 맡았을 때는 구매 대상인 중소기업을 찾아다니면서 영업에 몰두하였다. 영업 대상 업체 리스트에 있는 생면부지의 사람들에게 전화를 걸어, 약속을 잡고, 무작정 찾아다니는 일은 그리 신나는 일은 아니었다. 그러나 그에게는 CEO가 되겠다는 꿈이 있었기에, 영업이 아무리 재미없는 일이라도 꿈을 이루기 위한 필수적인 과정이라 생각하고 감수하기로 하였다. 그는 '3년은 열심히 해보자'라고 작심하고 부지런히 돌아다니며 익혀나갔다.

원 전 사장은 6년 만에 능력을 인정받아 17명의 부하를 거느리는 팀장이 되었다.

자신이 원하는 대로 영업을 마스터한 것이다.

현지 공장의 관리 업무를 마스터하다

열심히 일을 하는 사람에게는 기회가 찾아오는 법, 반도체 사업 계획을 갖고 있던 듀폰에서 한국에 포토마스크 공장을 설립하기 위해 직원들을 교육할 계획을 세우고 있었다. 열성적으로 일한 그에게 기회가 찾아온 것이다.

1989년 미국 본사로 발령받은 그는 1년 6개월 동안 현지 공장에서 제품의 제작 과정은 물론 공장 운영에 대해서도 열심히 익혔다. 그것 역시 그에게는 CEO가 되기 위한 하나의 과정이었기 때문이다. 제조에 대한 전 과정은 물론 공장 업무 전반에 대한 지식은 앞으로 그 업무에 종사하는 구성원들을 통솔하는 데 필요한 것이었기 때문이다. '알아야 면장을 한다'는 옛말처럼 알지 못하면 기술자를 제대로 통솔할 수 없기 때문이다.

그 후 한국에 공장이 설립되면서 그는 한국으로 발령받았고, 전임 미국인 책임자가 본국으로 돌아가면서 마침내 공장장에 취임했다. 이제 자신이 꿈꾸던 CEO의 문턱에 올라선 것이다.

원 전 사장에게는 운도 따랐다. 마침 듀폰 사업부 중 하나였던 포토마스크가 계열사로 분리되면서 한국의 대표가 필요해진 것이다. 당시 근무자들 중 그가 가장 적합한 인물로 평가받았고, 마침내 첨단 기업을 이끄는 CEO가 되었다. 그때가 1997년이었다.

　그는 포토마스크 사업에 관한 모든 업무를 총괄하였고, 1년 후 미국 본사 수석부사장으로 승진, 아시아태평양 지역의 비즈니스 성과 보고 업무를 담당하게 되었다.

CEO 능력에 대한 도전에 응전하다

탄탄대로를 걷던 원 전 사장에게 CEO로서의 능력을 시험하는 계기가 찾아왔다.

　IMF 외환위기가 터지자 본사에서 한국에 2,500만 달러를 투자하려던 계획을 중단하겠다고 발표했다. 원 전 사장은 당황했다. 그는 지금이 한국에 투자할 적기이며, 만약 때를 놓치면 경쟁사에 밀려 투자 효과를 얻을 수 없다고 판단, 전화로 본사에 긴급 임원회의를 소집해줄 것을 요청하였다. 그리고 자신의 논리를 입증할 자료를 모두 준비하여, 미국행 비행기에 올랐다.

　미국 본사에 도착한 그는 글로벌 사업팀원 8명을 소집하여 무려 여덟 시간 동안 회의를 했다. 점심을 걸러가면서 토의를 한 결과 글로벌 사업팀은 그의 논리가 타당하다는 것을 인정하여 한국에 투자할 것을 최종 결정하였다. 원 전 사장의 설득력이 이긴 것이다.

세 번째 임무, 글로벌경영 임원 수업을 받다

원 전 사장은 그동안 한국 지사와 미국 본사를 오가며 다음과 같은 경쟁력을 주로 키웠다. CEO의 필요조건인 영업 능력과 공장 운영 노하우, 성공하는 CEO의 충분조건인 경쟁력이다.

그의 경쟁력으로는, 부분을 통합해 사안 전체를 볼 수 있는 능력과 사업 성장을 위해 중요한 사항들을 파악해 정리함으로써 미래에 일어날 일을 예측할 수 있는 능력이 단연 꼽힌다.

한국의 IMF 사태가 진정될 무렵인 2000년, 원 전 사장은 듀폰 본사의 기획부 신사업 비즈니스 개발이사로 임명받았다. 그를 지역 법인 책임자로 훈련시키기 위한 본사 경영진의 조치였다.

원 전 사장은 그곳에서 기회를 놓치지 않고 듀폰 같은 회사에서 필요로 하는 업무적 자질을 향상시키고 자신의 경영마인드를 키워갔다. 얼마 후 그는 비즈니스 디렉터가 되어 새로운 비즈니스 개발의 책임자로서 유럽이나 아시아로 자주 출장을 다니면서 전 세계의 지역 법인이나 현지 법인을 상대로 임무를 수행했다.

아시아 책임자가 되다

2003년 원 전 사장에게 새로운 임무가 떨어졌다. 기능성코팅 업무 담당, 즉 자동차보수용 페인트 사업부 아시아태평양 지역 책임자가 된 것이다.

그해 그는 가족과 함께 상하이로 옮겨 듀폰차이나법인에서 근무하며 아시아 페인트 사업부를 관활하였다.

　듀폰아시아 비즈니스 전체 매출액은 약 40억 달러로, 이 중 기능성 코팅 비즈니스는 약 8~9퍼세트였다. 매출로 치면 약 4억 달러가 된다. 이런 막대한 사업을 그가 맡게 된 것은 본사 페인트 사업본부 글로벌 사업팀이 그의 경영 능력을 인정했기 때문이다.

글로벌 한국 기업과 동반성장을 도모하다

2005년 한국으로 부임한 원 전 사장은 듀폰 내에서 한국 법인의 위상이 과거와 많이 달라져 있음을 알았다. 이것은 1997년 이후 국내 기업들이 글로벌 시장에 진출해 성장, 발전한 덕분이었다. 그는 한국에서 듀폰의 비즈니스에 기여할 기회가 수없이 많음을 알고 그 기회를 현실로 만들 계획을 세웠다.

　한국에 돌아온 그에게 부여된 임무는 과거와는 달리 첨단 산업을 선도하고 있는 한국의 글로벌 기업들의 요구에 부응하는 신제품 개발 과정을 주도하며 마켓리더십을 발휘하는 것이었다.

　본사의 의도를 이해한 그는 한국 법인에 부임하여 한국의 글로벌 기업들과 개발 단계에서부터 협력관계를 구축하고 공동으로 신제품을 개발, 생산하는 새로운 비즈니스관계를 모색하기 시작했다. 이와 함께 국내 기업들과 조인트 벤처도 설립해 새로운 첨단제품의 개발을 지원하고 고객사와 함께 성장하는 기회도 만들었다.

　원 전 사장은 자신의 경영철학에 입각하여 취임 후 최고경영자의 핵심 업무인 비전 설정과 투자 방향을 제시하며 각 부분별 최고 책임자가 자율과 소신을 갖고 업무를 진행하도록 도왔다.

원 전 사장은 또 자신이 그러한 과정을 거쳐왔듯이, 리더가 될 만한 사람에게는 프로젝트를 주도할 기회를 주어 미래를 위해 투자하고 성과를 낼 경험을 키우도록 하였다.

CEO의 여러 가지 임무 중에서 무엇보다도 중요한 임무가 있다. 직원들의 자질과 능력을 파악해서 그에 부합하는 업무와 임무를 주고 그로 인해 회사도, 개인도 함께 성장할 수 있도록 하는 것이 그것이다. 원 전 사장은 CEO로서의 자신의 임무를 충실히 수행했다.

경영철학

원 전 사장의 경영철학은 한마디로 직원들의 자율과 책임이다.

"최고경영자는 경영자로서 할 일이 있고, 매니저는 매니저로서 할 일이 따로 있습니다. 직원들의 자질과 능력을 파악하고 그에 부합한 업무를 주는 것이 회사도 개인도 함께 성장할 수 있도록 하는 CEO의 업무입니다."

즉, 그는 직원들에게 직위에 따른 권한과 책임을 주어 스스로 일을 할 수 있도록 유도, 능력을 극대화하는 경영방식을 택한 것이다.

그는 미국 사람들의 업무 처리 방법과 사람들을 관리하는 방법을 배웠다. 그 영향에 따라 그의 경영방식도 자율과 책임을 강조하는 미국식이다. 그는 자신이 그렇게 했듯이 능력 있는 직원에게 다양한 사업부서의 임원 자리를 두루 거치게 함으로써 풍부한 경험과 경영자로서의 자질을 키우는 데 일조한다.

그의 경영방식은 직원들에게 늘 같은 그림을 그리도록 하고, 목표에 대한 공감대를 형성하여 한 방향으로 갈 수 있도록 한다. 그러면서도 직원들 각자의 개성을 존중해주는 것은 물론이며, 개인과 긴밀한 대화를 통하여 신뢰의 기반을 구축한다.

본사, 직원, 고객들과의 접점을 형성하고, 회사가 진행하는 모든 비즈니스에서 이뤄지는 각 업무를 통해서 모두가 성장할 수 있도록 하는 것이 그의 경영철학이라고 할 수 있다.

원철우 전 사장의 비전

CEO가 되겠다고 결심하였다면 분야와 방향을 정하라.

원 전 사장은 잘나가는 종합상사에 근무하였으나 CEO가 되겠다는 목표를 세우고 4년 만에 사직했다.

영업 분야를 마스터하라.

마케팅은 기업의 꽃이다. 개인으로서 마케팅을 마스터하지 않고서는 능력 있는 CEO가 될 수 없다.

취업·인사 포털 인크루트가 조사한 바에 의하면 CEO가 편애하는 부서로 영업부가 1위를 차지했다. 그만큼 영업부는 기업의 사활이 걸린 핵심 부서다.

제조 분야의 사업장에서는 제조 과정을 마스터하는 것이 필수다.

원 전 사장은 기회가 왔을 때 생산 공장에서 근무하면서 생산 분야에 대해서도 세밀히 파악했다.

글로벌 기업의 경영을 배워라.

원 전 사장은 글로벌 기업의 경영마인드로 아시아태평양 지역의 법인들과 협력하여 비즈니스를 진행, 함께 성장하는 방법을 모색했다.

글로벌 기업의 동반성장을 도모해야 한다.

원 전 사장은 듀폰의 한국 책임자로 부임하면서 한국의 글로벌 기업
들의 동반성장을 위해 신제품 개발 등 많은 일을 하였다.

PART 4

열정

"뭔가를 성취하겠다는 열정만 있다면
어떤 환경에서든 해낼 수 있다는 게 내 지론이다."

이해진
NHN 의장, CSO

열정적으로
자기계발에
힘쓰라

열정으로 사업을 시작하다

열정은 뜨거운 정신이다. 별 볼 일 없던 일을 새롭게 변화시키는 힘이다. 열정이 넘치는 사람은 자신의 삶에서 즐거움을 찾아내고, 언제나 젊게 살아간다. 그래서 많은 사람이 열정적으로 살아가는 사람을 부러워한다.

열정에 따라 행동하면 쉽게 집중할 수 있을 뿐만 아니라 더 적극적인 자세로 세상을 살아갈 수 있다. 따라서 다른 사람들에 비해 뛰어난 성과를 올리고 훨씬 행복한 삶을 살아간다.

이해진 의장은 평범한 직장인의 삶을 접하고 오로지 열정만으로 사업가로서의 씨앗을 뿌리고 최고의 열매를 거둔 주인공이다. 그는 2007

년 NHN을 창업하여 인터넷 기업 사상 처음으로 시가총액 10조 원을 넘어선 기업을 만들어냈다.

그는 대기업에 다니는 평범한 직장인이었다. 대학을 졸업하고 1992년 삼성SDS연구소에 입사한 후 5년 동안 남들처럼 직장을 다녔다. 이 의장은 직장생활을 할 때에도 CEO인 지금 못지않은 열정과 치열함을 발휘했다. 그는 말단 사원이었지만 직장생활에도 충실하였고 열정으로 자기계발에 힘썼다. 그는 '직장에서 보내는 시간의 25퍼센트는 순수하게 자기계발을 위해 쓰라'는 원칙을 지켰다. 자기계발은 곧 미래를 준비하는 가장 좋은 방법이기 때문이다.

그는 하루 여덟 시간 중 두 시간을 자기계발을 위해 투자했다. 남들이 여덟 시간 동안에 하는 회사 업무를 여섯 시간에 끝내려니 다소 무리도 따랐다. 그렇지만 퇴근 이후에 잔업을 하는 한이 있더라도 두 시간의 자기계발 시간만큼은 철저히 지켰고 한 번도 게을리하지 않았다. 그는 자기계발의 목표를 정하고 방향을 찾기 위해 이런 질문을 던졌다.

"내가 가장 잘 설계하고 개발할 만한 기술이 무엇일까?"

3년 이상을 이 주제에 몰두해서 자기계발에 힘썼고, 마침내 찾은 답이 바로 검색엔진이었다. 최고의 포털사이트인 네이버는 그렇게 만들어졌다.

평범한 직장생활을 하고 있다고 평생 직장인으로 남을 것이라는 고정관념을 버려라. 자신의 인생을 바꿀 결정적 기회가 어디에 숨어 있는

지 아무도 모른다. 다만, 꾸준한 자기계발을 통해 장점을 찾고자 집중하는 시간을 보내는 과정에 자신의 장점을 발견하게 되고, 그 일을 하는 동안에 자신의 운명을 바꿀 결정적인 계기도 만나게 된다.

열정에 대한 남다른 소신

사람들은 남들보다 앞서가고 싶고 남들보다 빨리 성공하고 싶을 때, 자신의 환경부터 바꾸려고 한다. 그러다 보니 단숨에 현실을 뒤바꿀 만한 결정적인 사건을 찾아다니고, 지금 하던 일을 모두 접고 유학을 떠나기도 한다.

또 난생처음 새로운 분야에서 용감하게 창업을 한다거나 일하던 부서를 바꿔달라는 사람들도 있다. 그러나 진정한 결정적 기회는 결국 지금 자기가 할 수 있는 '최선' 속에서 찾아내는 것이다.

이 의장은 열정에 대해서 남다른 소신을 가지고 있다.

> "환경 때문에 자기가 하고 싶은 일을 할 수 없는 경우가 얼마나 되겠는가. 뭔가를 성취하겠다는 열정만 있다면 어떤 환경이라도 해낼 수 있는 것이다."

열정에 대한 그의 지론이다. 계속해서 열정에 대한 그의 생각을 들어보자.

"일을 잘하는 사람은 종일 복사만 시켜도 남들보다 뭔가 다르게 업무를 개선하고 창의력을 발휘한다. 질량이 커다란 물체의 주변은 공간이 구부러져 있고, 열정이 가득한 사람은 환경을 변화시킨다. 환경이 자신에게 맞춰져서, 내가 환경의 중심이 돼야 한다. 문제가 있는 것은 환경이 아니고 자기 자신이다. 오늘도 종일 일하면서 아무런 열정이나 성취욕을 느끼지 못하는 사람은 빨리 자신의 문제를 찾아내 자신을 변화시키라고 권하고 싶다."

자신이 잘할 수 있는 일을 찾다

직장인이라면 누구나 매일 똑같이 반복되는 현재를 떠나 언젠가는 화려한 변신을 하고 싶어 한다. 물론 그 '언젠가는'이라는 꿈을 누구나 꾸지만 그 꿈을 이루는 사람은 극히 드물다. '언젠가는'이라는 주문은 결국 '언젠가는'으로 남게 될 뿐이다.

이 의장은 직장인으로 한창 세월을 보내고 있을 무렵 창업을 생각하며 '도대체 지금이 왜 아닌가? 그렇다면 언제인가?'라는 질문을 통해 그 시기를 정했고, '내가 가장 잘 설계하고 개발할 만한 기술이 무엇일까?'라는 질문을 통해 자신이 가장 잘할 수 있는 기술을 선정했다.

자신이 잘할 수 있는 일을 발견하고 그 일을 하게 되면, 즐겁게 하게 된다.

일을 즐기는 사람은 늘 표정이 밝고 일을 할 때는 열성적으로 한다. 그 일에 열정을 느꼈기 때문이다.

일에 열정을 쏟아 부을수록 호르몬 분비가 왕성해져서 지치지 않고 의욕적으로 할 수 있다. 마음껏 일에 집중한 다음 긴장을 풀면 휴식이 주는 안락함을 경험할 수 있다. 이렇듯 즐겁게 열정적으로 일하면 세상을 보는 시각이 달라진다.

사업에 대한 모든 생각을 마친 그는 이를 실현하기 위해 자기계발 시간을 보충해서 가능성을 높여나갔다.

직장인으로 살고 있지만 언젠가는 자신의 일을 하고 싶다고 생각하면서도 망설이는 사람이 있다. 그런 사람은 이 의장의 다음 질문으로 많은 깨달음을 얻길 바란다.

"내가 잘하고 열정을 쏟을 수 있는 일이나 기술은 무엇인가?"

이해진 의장의 열정

어디서 무엇을 하든지 자기계발에 힘쓰라.

이 의장은 직장에 근무하면서 하루 일과 시간 중에서 25퍼센트를 자기계발에 쏟았다.

자기계발을 통해서 자기가 잘할 수 있는 일을 찾아라.

이 의장은 자기계발 과정에서 자기가 잘할 수 있는 일이 무엇인지, 잘할 수 있는 기술이 무엇인지 확인했다.

자신이 잘할 수 있는 일을 찾는 가장 좋은 방법은 끊임없이 자기 자신에게 물어보는 것이다. "내가 잘할 수 있는 일은 무엇인가?"라고.

이 의장은 끊임없이 자문하여 자신이 잘할 수 있는 사업 즉, 인터넷 사업을 발견하였다.

리더가 열정에 넘쳐 있으면, 직원 전체가 열정적인 사람이 되는 법이다.

열정을 가지고 있다면 무엇을 하든지 이미 반은 이루어진 것이다. 천재도 열정이 없으면 노 없는 돛단배가 된다. 그래서 열정이 천재의 재능보다 오히려 낫다고 하는 것이다.

열정에 따라 행동하면 쉽게 집중할 수 있다.

이 의장은 열정을 가짐으로써 적극적인 자세로 세상을 살아가고 있다. 그리하여 다른 사람들에 비해 뛰어난 성과를 올리고 훨씬 행복한 삶을 누리게 되었다.

PART 5

신뢰

"어려울 때일수록 기본이 잘 다져져 있어야만 위기 때 강한 힘을 발휘할 수 있는데,
그 기본 중에 하나를 나는 신뢰라고 생각한다."

윤윤수
휠라코리아 회장

경영의 기본 중에서
신뢰가 가장
중요하다

행동으로 신뢰를 얻다

윤윤수 회장은 한국외국어대학교 정치외교학과를 졸업한 후 직장생활을 거쳐 무역업에 종사했다. 그 과정에서 많은 실패와 시행착오를 겪었고, 어떤 상황에서도 투명하게 살겠다는 각오를 하게 되었다.

그는 회장이 된 후에도 직원들과 격의 없는 대화를 나누는 등 몸소 행동함으로써 신뢰를 얻었다.

윤 회장은 출근 시간도 회사와의 약속이라는 생각에 회사에서 제일 먼저 출근한다. 그래서 휠라코리아에서는 제일 먼저 윤 회장이 출근하고, 다음으로 임원이 출근을 하고, 마지막으로 직원들이 출근한다.

윤 회장은 직원들에게 무엇을 강요하는 대신 본인이 먼저 행동한다.

일상생활에서 말과 행동의 일치란 쉽지 않은 일이다. 특히 기업인들은 더욱 그렇다. 직원들에게 좋은 말은 다 하면서도 행동으로 옮기는 기업인들은 많지 않다. 그래서 기업인들이 직원들로부터 신뢰를 얻지 못한다.

말과 행동이 일치한다는 것은 한 인간의 진솔함을 보여주는 중요한 부분이기도 하다. 그것이 어긋났을 때 신뢰를 잃어버린다.

그런데 윤 회장은 말을 하기에 앞서 몸으로, 행동으로 본을 보였기에 사람들은 그를 더욱 신뢰하게 된 것이다.

열과 성의를 다하여 신뢰를 얻다

휠라와 윤 회장과의 인연은 25년 전으로 거슬러 올라간다.

처음 윤 회장은 이탈리아 본사의 라이선스를 획득하여 미국 휠라에 신발을 공급하는 에이전시로 사업을 시작했다. 그 일을 하면서 윤 회장은 그들이 원하는 가격, 품질, 납품 기한 등 모든 것을 갖추기 위해 열과 성의를 다했다. 작은 일부터 큰일에 이르기까지 온몸을 바쳐 열심히 정성껏 하면서 신뢰를 하나씩 쌓아갔다. 이런 신뢰를 통해서 윤 회장은 얼마 후 휠라코리아 회장이 되었고, 휠라코리아를 전 세계 휠라 회사에서 가장 성공적인 회사로 만들었다. 즉, 그의 성공은 열과 성의를 다해 맡은 일을 충실히 해냄으로써 본사로부터 신뢰를 얻은 데서 기인하였다.

능력을 통해서 신뢰를 얻다

기업인이든 회사원이든 아무리 열과 성의를 다해도 능력이 없으면 신뢰를 얻을 수 없다. 팀장이나 리더는 능력이 있어야만 팀원으로부터 그리고 상급자로부터 신뢰를 얻는다.

윤 회장은 휠라코리아를 맡아서 놀라운 능력을 발휘하였다. 윤 회장은 차별화된 브랜드와 고품격제품을 경쟁력으로 내세워 가격보다는 품질과 감성적 디자인을 원하는 고객들에게 승부를 걸었다. 과거 70, 80년대의 저가상품이 아닌 고가의 브랜드상품으로, 경제적 성장의 대가를 누리고 싶어 하던 한국 고객들의 기대에 부응했던 것이다.

그는 자율과 창의성 위주의 자율경영과 고객감동의 경영전략을 브랜드에 접목시켜 휠라코리아의 성공을 이끌어냈다.

그의 경영 능력은 여기서 한 걸음 더 나아갔다. 외부 고객들을 만족시키기 위해서는 먼저 내부 고객, 즉 직원들을 만족시켜야 한다는 자신의 경영방침에 따라 창립 초부터 직원들에게 파격적인 연봉을 제공했다. 게다가 당시 한국 기업들에게 일반화되지 않았던 주5일제 근무를 실시했다. 그토록 시대에 앞선 경영전략을 구사함으로써 출범 5년 만에 글로벌 경영진들에게 감동적인 수치를 제공할 수 있었다.

당시 윤 회장이 이끄는 휠라코리아는 전 세계 27개 지사 중에서 매출액 2위, 순이익 1위라는 놀라운 성과를 냈다. 엔리코 프레시 회장이 한국을 방문하여 축하해줄 정도의 성과였다.

그즈음 윤 회장은 이탈리아 다국적 패션 그룹 휠라에서 회장, 부회장에 이어 서열 3위에 오르는 기쁨을 누리게 되었다. 아시아 지역 경영책임자가 된 것이다.

탁월한 능력을 바탕으로 신뢰를 얻은 윤 회장은 마침내 2005년 1월, 휠라코리아 경영권을 1억 3천만 달러에 인수하였다. 이 모두가 그의 능력을 통해서 신뢰를 얻은 결과인 것이다.

휠라코리아를 인수한 윤 회장에게는 해결해야 할 문제가 있었다. 회사를 인수하면서 생긴 부채 해결이 그것이었다. 당시 인수 과정에서 부채비율이 200퍼센트를 넘어섰는데, 윤 회장은 취임하면서 부채를 2년 내에 청산하겠다고 직원들에게 약속을 했다.

약속을 지키기 위해 윤 회장은 자신의 연봉을 20억 원에서 5억 원으로 줄이고, 자신이 타고 다니던 승용차를 벤츠에서 체어맨으로 바꿨다. 그러고는 직원 연봉을 오히려 8~10퍼센트씩 올렸다.

새로운 목표를 세운 윤 회장은 직원들에게 동기를 부여함과 동시에 매출 확대를 위해 전사적으로 역량을 집중했다. 그 결과 2006년 매출이 2,700억 원이었으나 2007년에는 3,000억 원으로 성장하였다.

투명경영으로 신뢰를 얻다

휠라코리아를 인수한 윤 회장은 무엇보다도 투명경영과 오픈경영을 실시했다.

> "기업은 사회의 유기체입니다. 어느 한 개인의 사유재산이기보다는 함께 일하는 사람들의 공유재산이자 공동의 일터입니다."

그의 경영철학을 단적으로 나타내는 말이다.

정직을 중요시하는 윤 회장은 초기부터 투명경영을 경영철학으로 삼았다. 노력해서 벌지 않은 돈은 돈이 아니라고 생각한 그는 투명하게 벌어서 투명하게 쓰려고 노력하였다.

윤 회장은 버는 돈 중에서 절반은 세금으로 내고, 나머지 중 70퍼센트 정도는 자신이 쓰고 나머지 30퍼센트는 주위의 어려운 사람을 위해서 쓰고 있다.

또한 윤 회장은 직원들과도 투명하고 열린 커뮤니케이션을 추구한다. 그는 아직 외부에 오픈해서는 안 되는 긴박한 상황인데도 출장에서 돌아오면 모든 직원 앞에서 진행 사항을 보고하곤 한다. 모든 정보와 경영성과를 직원들과 공유하고 열린 사고로 직원들과 격의 없이 대화를 나눔으로써 윤 회장은 전폭적인 신뢰를 얻었다.

윤 회장의 장점은 솔직함에 있다. 솔직함은 겸손에서 나온다. 숨기려다 보면 솔직해질 수 없다. 솔직함은 투명함에서 나온다. 윤 회장은 모든 면에서 투명한 편이다. 자신을 위해 욕심을 부리지 않고 살았기에 숨길 게 없다. 솔직하다는 것은 그릇이 크다는 뜻이기도 하다. 사람의 됨됨이가 작아서는 솔직할 수가 없다. 따라서 윤 회장은 그릇이 크다.

직원들은 윤 회장을 전폭적으로 신뢰했기에 그가 인수할 때 부족했던 자금을 자발적으로 퇴직금을 모아 우리사주로 모아주었다. 그것도 하루 만에 말이다. 이것은 전폭적인 지지나 신뢰 없이는 절대로 불가능한 일이다. 이런 신뢰는 오로지 그의 투명경영에 기인한 것임에 분명하다.

제대로 된 리더십은 조직원들의 재능을 공동 프로젝트로 집중시키는 진정성의 통합력이 뒷받침되어야 구현될 수 있다. 사람들의 얼어붙은 마음을 뜨겁고 꾸준한 진정성으로 녹여내지 않고서는 행동하게 할 수 없다. 신뢰를 주는 CEO, 그런 CEO와 함께하는 직원들은 신 나게 일한다.

경영철학

윤 회장의 경영철학은 다음과 같이 다섯 가지로 요약할 수 있다.

첫째, 투명경영이다. 그는 정직을 중요시하기 때문에 경영 초기부터 투명경영을 철학으로 삼았다. 그리하여 그는 회장실을 항상 개방하여 누구든지 마음대로 출입할 수 있게 하였다.

둘째, 직원들과의 투명하고 열린 커뮤니케이션 추구다. 이를 통해 윤 회장은 어떤 정보나 회사 경영방침에 대해서 직원들과 사심 없이 대화를 나눈다.

셋째, 신뢰경영이다. 그는 직원들과의 약속을 지키기 위해 제일 먼저 출근한다. 그리하여 회사 내에서 사장이 제일 먼저 출근하고, 그다음 경영진, 마지막으로 직원들이 출근한다.

넷째, 기업을 CEO 자신의 것이 아닌 직원들과의 공유재산으로 생각한다. 그런 생각을 바탕으로 기업의 모든 성과나 열매를 함께 나누며, 직원들과 허심탄회하게 대화한다.

   다섯째, 속도경영과 공격경영이다.
   새로운 사업이 결정되면 신속하게 그에 맞는 경영전략을 수립하고, 비즈니스 활성화를 위해 글로벌전략에 입각한 실천 과제를 신속하게 진행한다.

윤윤수 회장의 신뢰경영

신뢰를 얻는 첫 번째 조건은 훌륭한 인격이다.

인격적으로 흠이 있거나, 언행이 일치하지 않고, 또 거짓말을 밥 먹
듯이 하는 사람은 절대로 신뢰받지 못한다. 신뢰를 얻기 위해서는 인
격적으로 존경받을 수 있는 사람이 되어야 한다.

신뢰를 얻는 두 번째 조건은 일에 열과 성의를 다하는 것이다.

윤 회장을 비롯하여 성공한 많은 CEO가 자신이 맡은 일에 온몸을
다 바쳐 혼신의 힘으로 일을 했다. 이들은 소명감을 갖고 자신의 일
에 매진하였다.

신뢰를 얻기 위해서는 능력을 갖추어 자신의 일에 성과를 내야 한다.

능력 없는 팀장은 팀원들로부터 신뢰받지 못하고, 능력 없는 CEO는
성과를 내지 못하므로 조직원들로부터 전폭적인 신뢰를 얻을 수 없
다. 능력은 성과가 말해주며, 자신이 하는 일의 결과가 능력의 바로
미터다.

신뢰를 얻기 위해서는 투명해야 한다.

투명하다는 것은 숨기는 것 없이 모든 것이 오픈된다는 뜻이다. 진정한 권위는 맑은 투명성에서 나온다는 것을 우리는 휠라코리아 윤 회장으로부터 배우게 된다.

열린 마음으로 누구와도 숨김 없는 대화를 할 줄 안다.

윤 회장을 비롯하여 성공하는 CEO들은 직원은 물론이고, 모든 사람들과 마음을 열고 대화하는 자세를 유지하고 있다.

PART 6

윤리경영

"만약 업무를 추진하면서 기업윤리와 회사 이익이 상충될 순간을 맞는다면
여러분은 당연히 기업윤리를 우선해야 한다."

이구택
포스코 상임고문

윤리
경영으로
신뢰를 얻다

일상생활에 반영되는 윤리경영

포스코맨으로 불리며 퇴직할 때까지 35년간 근무하면서 윤리경영을 해온 이구택 상임고문의 철학을 알아보자.

윤리경영을 부르짖는 이 상임고문은 자신에게도 엄격한 잣대를 댄다. 쉬지 않고 자신에게 채찍질을 하며 자신을 연마하고 끊임없이 새로운 것을 배우려고 노력한다.

포스코에서 직장생활을 시작한 그는 임원 시절부터 일과가 끝난 후나 휴일 때는 비서를 대동하지 않는다. 윤리경영에 대한 그의 믿음은 일상생활에서도 그대로 반영되고 있다. 그는 개인이든 기업이든 정도를 지키는 것이 가장 큰 경쟁력이라고 굳게 믿고, 그대로 행하려고 노력한다. 정도란 윤리에 입각한 올바른 경영을 말한다.

서울대학교 금속공학과 졸업 후 포스코에서만 35년간 근무하다가 퇴직한 이 상임고문은 기회 있을 때마다 "기본에 충실하고 정도를 지키는 것이 결국 좋은 결과를 낳는다"고 힘주어 말한다.

윤리경영에 대한 그의 믿음은 확고하다. 그의 이러한 믿음은 2004년 한 회의석상에서 "소유와 경영이 분리된 포스코의 기업지배 구조가 완전히 뿌리내리려면 임직원의 철저한 윤리 준수 의지가 매우 중요하다"고 말한 데서 잘 나타나 있다.

신변이 깨끗하지 못하면 함께하지 않는다

이 상임고문은 부하직원이나 동료가 아무리 능력이 뛰어날지라도 신변이 깨끗하지 않으면 함께할 수 없다는 것을 기회 있을 때마다 언급하였다. 그의 이런 윤리경영을 뒷받침하듯 포스코 임직원들의 신분증 뒤에는 '윤리경영 자기 진단 항목'이 새겨져 있다. 포스코의 임직원은 어느 누구를 막론하고 항상 자신을 진단하여 윤리경영에 어긋남이 없도록 하라는 지시다.

그뿐만 아니라 이 상임고문은 포스코의 어느 직원이나 어느 부서가 부패했다는 말이 나오면 아무리 실적이 좋아도 용납할 수 없음을 강조하면서 포스코의 경영 체제를 이해할 때까지 모든 임직원이 성직자처럼 윤리경영을 해줄 것을 바랐다. 이것은 그의 말과 같이 소유와 경영이 분리된 포스코 같은 기업에서는 윤리경영을 하지 않고는 도저히 존속할 수 없다는 판단에서 비롯되었으며, 윤리경영만이 주주로부터 신뢰를 얻을 수 있다는 믿음에서 나온 발상이다.

CEO의 덕목 중 하나가 역사의식이다

이 상임고문이 다른 CEO와 특별히 다른 점 하나는, 역사의식을 강조하고 있다는 점이다. 이 상임고문은 사학자는 물론 정치인도 아니고 교육자도 아니다. 그는 오로지 수익을 창출하는 것을 목표로 해야 하는 CEO로서 드물게 애국심을 강조하고 있다.

역사의식을 강조하는 그의 면모는 포스코 민영화 과정에서도 잘 나타내고 있다.

당초 정부는 1998년 포스코 민영화 계획을 발표할 때 포스코를 주인이 있는 기업으로 만들려고 했다. 왜냐하면 한국에서 주인 없는 기업이 잘 돌아갈 리가 없다고 여겼기 때문이다.

하지만 당시 포스코 사장이었던 그의 생각은 달랐다. 특혜 시비에 대한 우려도 물론 있었지만, 그보다는 포스코가 이미 전문경영인 체제로 돌입하여 놀라운 업적을 올린 이상 주인 없는 '국민기업'으로 발전할 수 있다는 신념을 가지고 있었다.

그가 투명경영을 한 한 가지 예가, 사외이사를 8대 7에서 9대 6으로 대폭 확대, 이사회의 독립성과 주주의 권익을 강화한 것이다. 이것은 국내외에 많은 주목을 끌었다. 왜냐하면 보통 가급적으로 자신의 권한 밖에 있는 사외이사의 수를 적게 하려고 하는 데 비해 이 상임고문은 오히려 사외이사의 수를 주주들의 요구보다 더 확대했기 때문이다. 이 것은 그만큼 투명경영에 자신이 있다는 증거이기도 했다.

이 상임고문이 투명경영을 강조하는 것은 그의 경영철학 때문이기 도 하지만, 글로벌 시대에 외국인 투자 비중이 늘어나는 상황에서 투명 성이 떨어지면 주주로부터 신뢰를 얻을 수 없다고 판단했기 때문이다. 포스코처럼 소유와 경영이 철저하게 분리된 기업은 윤리경영만이 주 주로부터 신뢰를 얻어 투자를 이끌어낼 수 있기 때문이다.

국민기업으로 평가받는 포스코 경영 체제에서 투명경영과 윤리경영 은 그에게는 어쩌면 사명감인지도 모른다.

윤리경영과 함께하는 성장경영

CEO가 너무 윤리에 매달리면 수익이나 기업의 성장에 관심이 없거나 성장 열매를 맺지 못할 것이라고 사람들은 생각할 수 있으나 그는 오히 려 반대였다.

이 상임고문의 이미지를 한마디로 표현하면 '부드러움'이다. 언제 어디서나 웃음을 잃지 않으며, 상대방을 대할 때는 유연하고 여유가 넘 치는 편이다. 매사에 신중하고 말도 조심스럽게 하는 편이다.

그러나 그는 회장에 오르면서 '성장경영'을 선포하는 등 저돌적으로 신사업을 밀어붙였다. 매우 꼼꼼하고 신중한 편이지만, 승부처에서는 과감하게 승부를 거는 모습을 보여준 것이다.

그는 포스코 대표이사 회장 취임 직후인 2004년 4월, 연간 생산 60만

톤 규모의 스테인레스 3공장을 설립하여 포스코를 일약 세계 5대 스테인리스사로 발돋움시켰고, 2007년 자동차 강판 450만 톤 생산 체제 구축을 목표로 각각 45만 톤, 40만 톤 규모의 자동차 아연도 금광판 설비 건설을 확장했다.

이 상임고문의 배짱을 가장 잘 나타내는 일이 있다. 2004년 3월 주주총회를 앞둔 시점에서 이뤄진 미국 투자설명회에서였다. 당시 많은 미국 투자자가 참석하고 있었으며, 모두 그의 경영방침에 귀를 기울이고 있었다. 그는 그 자리에서 "기업의 장기 전망보다는 단기 업적에만 관심을 갖는 월가의 논리는 수용할 수 없다"고 폭탄 발언을 했다. 월가의 논리는 단기 업적을 올렸을 때 투자자들이 빠른 시일 내에 많은 시세차익을 올릴 수 있다는 것이었는데, 이 회장은 그런 차익을 기대하고 있는 투자자들에게 찬물을 끼얹은 것이다.

대부분의 경영자는 주주총회에서 주주들이 듣기 좋은 말을 하고 장밋빛 전망을 말한다. 그런데 이 회장은 그런 통념을 과감하게 깨뜨린 것이다.

이렇게 솔직하고 대담하게 말할 수 있다는 것은 그의 자신감과 그릇이 크다는 것을 입증한 것이다.

이 상임고문은 윤리경영을 강조하면서도 성과를 내어 주주는 물론 국민들에게 희망을 주는 CEO였다고 하겠다.

이 상임고문의 인재관

이 상임고문은 글로벌 시대에 갖추어야 할 소양 즉, 외국어 능력과 감각을 두루 지니고 있어서 주위로부터 '국제적인 신사'로 통했다. 그는 여러 분야에 걸쳐서 독서를 많이 한 CEO 중 한 사람이다.

이 상임고문은 어떤 일을 하기 위해 인재를 뽑는 것이 아니라, 능력 있는 인재를 미리 뽑은 다음 그 인재에게 적합한 일을 맡기는 식이다. 따라서 그는 대학 등 외부에서 필요한 인력을 채용하는 한편, 철강 연구 지원제, 위탁 연구, 연구 공모제 등 다양한 산학협회 인재육성제도를 도입, 맞춤형 인재를 직접 양성하고 있다.

경영철학

이 상임고문의 경영철학은 다음과 같이 요약할 수 있다.

첫째, 윤리경영이다. 그는 공·사석에서 전 직원에게 "성직자처럼 일하라"고 입버릇처럼 말한다. 포스코는 오너가 없이 순수한 주주로 움직이고 있는 만큼 더욱 윤리경영이 필요하다고 그는 역설한다. 만일 포스코 직원들이 부패했다는 소리를 들으면 누가 포스코 주식을 사겠느냐면서 무엇보다도 정직할 것을 요구하고 있다.

둘째, 합리적 경영이다. 그는 부하직원의 이야기에 귀를 기울이고 존중한다. 그러나 원칙에 위배될 때는 결코 용서하지 않는다.

셋째, 원칙과 기본을 중요시한다. 그리하여 경영의 최우선순위를 투자에 두고 있다. 투자해야만 주주들이 돈을 벌 수 있다고 강조한다.

넷째, 그는 혁신운동을 강조한다. 철강 주문부터 생산까지 모든 업무 프로세스를 전산화한 프로세스(PI)로 바꾸었다. 또한 기회 있을 때마다 전 직원에게 혁신을 강조한다.

이구택 상임고문의 윤리경영

비즈니스 기본, 윤리에 충실하라.

이 상임고문은 비즈니스의 기본을 윤리로 보았으며, 회사 이익과 윤리가 상충할 때에는 윤리를 택하라고 하였다.

부패를 용납하지 마라.

이 상임고문은 아무리 능력 있는 직원이라도 부정을 저질렀을 때에는 용납하지 않았다.

한국 국민으로서 역사의식을 가져라.

이 상임고문의 역사의식이란 언제나 나라를 생각하는 마음이다. 외국자본이 들어오는 글로벌 시대를 사는 기업인으로서 이런 역사의식은 매우 중요하다.

윤리경영으로 성장하는 기업을 도모하라.

이 상임고문은 윤리경영과 성장경영이 배치되지 않는다는 것을 보여주었다. 회장에 취임하자마자 놀라운 성과를 내었다.

사업을 시작할 때는 '성장경영'을 선포한다.

평소에는 신중하지만 승부를 낼 때는 과감하게 밀어붙인다.

신념

"시작이 반이라고 하는데, 된다고 생각하면 이미 절반은 된 것이고, 반대로 안 된다고 생각하면
이미 50을 잃어 50에서 시작하는 것과 마찬가지다."

김쌍수
前 LG전자 부회장

확고한
신념 앞에
불가능이란 없다

신념을 가지고 묵묵히 일하여 자기시대를 열다

세상에 존재하는 큰 힘 가운데 하나는 목표에 대한 강력한 신념이다.
아무리 감당하기 어려운 일이 닥치더라도 신념만 있으면 극복할 수
있다.

그럼 신념이란 무엇을 말하는 것일까?

신념은 자신의 목표가 성공할 것이라는 확고부동한 생각이다. 또한
신념은 자신이 생각하는 것이나 하는 일이 옳다는 불변의 믿음이다.

신념은 반드시 반대에 부딪히게 마련이다. 반대나 장벽이 없는 일이
라면 신념이 필요 없다. 인간으로서 가능하지만 쉽게 닿을 수 없는 것
에 신념이 필요하다.

김 전 부회장은 어떠한 어려움도 강한 신념이 있다면 극복할 수 있다고 믿는다. 그는 어떤 결정을 하기 전까지는 심사숙고하지만 일단 결정을 내리면 그것이 이루어질 것이라는 신념으로 최선을 다해 과제를 완수하는 스타일이다.

김 전 부회장은 쉬지 않고 꾸준히 열심히 하면 마침내 큰일을 이룰 수 있다는 신념을 가지고 있다.

그는 서울 근무도, 흔한 연수도 한 번 하지 않은 채 34년간 자신이 맡은 바 과제에 최선을 다한 끝에 CEO에 올랐다.

실제로 그는 웬만한 기업의 부장급이면 다 가는 해외연수나 대학원 수료 과정도 거치지 않았다. 부장을 거쳐 몇 년 만에 승승장구하여 CEO에 오른 사람과 달리 그는 이사직도 20년 이상 수행했다. 하지만 주어진 목표를 향해 나아가면 반드시 그 목표를 달성할 수 있다는 신념으로 끝내 자신의 시대를 열고 말았다.

신념으로 위기를 극복하다

1990년대 중반 LG전자 백색가전 부분은 커다란 위기를 맞았다. 선진 가전회사를 따라잡거나 미국 유럽 등에 진출하기에는 역부족인 상황에서 중국 등 후발국에 가격 경쟁력까지 밀리며 해외 시장에서 점점 설자리를 잃어가고 있었다.

LG전자는 돌파구가 필요했다. 이때 위기를 벗어나기 위해 김 전 부회장이 구원투수로 나섰다.

1996년 그는 창원공장의 리빙시스템 사업본부장으로 부임했다. 부임하자마자 그는 '생산성 향상과 수출 극대화'를 목표로 내걸고 세탁기 생산라인부터 뜯어고치기 시작했다. 240미터에 달하는 생산라인은 그가 부임한 후 40미터로 줄었다. 중저가 대신 프리미엄급 가전제품을 생산하겠다는 생각이었다.

그런데 줄어든 공장 생산라인을 바라보는 주위의 시선은 곱지 않았다.

그 이유는 소비자들의 관심이 디지털 가전으로 쏠리고 있는 이때 수익성이 불투명한데도 백색가전, 그것도 고가인 프리미엄급으로 전환하는 것은 이치에 맞지 않다고 생각했기 때문이다. 따라서 그것을 고집하는 김 전 부회장을 못마땅하게 생각하는 것은 당연하였다.

결국 사내에서 그 계획을 포기해야 한다는 의견이 제기되었다. 게다가 엎친 데 덮친 격으로 IMF 외환위기가 닥치자 소비경기가 어려운데 그런 비싼 가전제품이 통하겠느냐는 이론이 설득력을 얻었다.

하지만 김 전 부회장에게는 백색가전에 대한 신념이 있었다. 사람이 생활하기 위해서는 가전이 반드시 필요하다는 믿음이었다. 그는 그 신념을 굽히지 않았다. 그는 오히려 프리미엄급 제품 개발에 박차를 가하였다. 그리하여 마침내 오늘날 우리나라 많은 가정에서 사용하고 있고, 전 세계적으로 명성을 떨치고 있는 휘센, 트롬, 디오스로 이어지는 제품들이 탄생하게 되었다. 모두 김 전 부회장의 신념에서 비롯된 결과물이었다.

신념으로 노사분규를 해결하다

이보다 더 거슬러 올라가 1987년도 김 전 부회장이 창원공장 제2사업본부장으로 발령을 받았을 때의 일이다. 당시 노사분규가 극에 달했는데, 창원공장도 예외는 아니었다.

회사는 커다란 위기에 봉착했다. 김 전 부회장은 노사화합과 안정이 경영의 핵심 과제라고 판단했다. 그는 아침마다 출근하는 사원들에게 인사하는 것을 시작으로 2개월 동안 노사분규 해결에 매달렸다.

김 전 부회장은 시위와 파업으로 어수선한 현장을 한 번도 떠나지 않고 사원들과 함께 생활하면서 사원들의 고충을 들어주고 자신이 할 수 있는 것을 해결해주고, 할 수 없는 일도 해결해주려고 노력을 아끼지 않았다.

사업본부장이 공장 근로자인 자신들과 함께 생활하면서 매일 아침마다 먼저 인사를 하고 격의 없이 대화를 하려고 노력하자 그의 진심에 노조원들은 깊은 감동을 받았다. 진솔한 리더의 마음이 닫혀 있던 노조원들의 마음을 연 것이다.

진심을 다하는 김 전 부회장에게 노조원들은 마음으로 승복하였다. 그리하여 공장 폐쇄 일보 직전, 노사분규는 마침내 해결되었다.

김 전 부회장은 그 일만 해결하면 회사를 그만두겠다고 결심하고 있었기에 사표를 제출했다. 그러나 회사의 경영진이 그만한 일로 사표를 내느냐면서 만류하는 바람에 다시 일하게 되었다.

그 후에도 그는 여전히 현장 근무가 좋아 떠나지 않고 매달렸다. 김 전 부회장은 항상 현장을 중시한다.

김 전 부회장에게는 생산라인이 있는 공장뿐만 아니라 사업파트너와 만나는 자리도, 고객과 만나는 자리도, 언론인들과 만나는 자리도 현장이었다. 그 현장에서 지식을 배울 수 있고, 그 지식이 실질적인 도움이 된다고 생각했다.

비전을 제시하다

2003년 10월, 김 전 부회장이 LG전자 대표이사로 취임하면서 강조한 것이 '한방에 끝내는 혁신경영'이고 한방에 해결하자는 것을 강조하다 보니 나온 것이 '주먹밥 사고'다. 주먹밥 사고는 여러 가지 반찬을 한 상 가득 차려놓고 하나씩 집어먹는 게 아니라 한꺼번에 뭉쳐놓은 주먹밥을 먹듯 혁신을 실행해야 성과가 더욱 커진다는 논리다.

김 전 부회장의 혁신은 6시그마와 TDR로 대표된다. 6시그마는 GE로부터 벤치마킹해온 것이지만, 각 분야의 전문 인재들이 한 팀을 구성해 문제의 근원에서부터 해결 방안을 찾아가는 프로젝트 방식 TDR은 순수한 그의 창작품이다.

1990년대 중반 그가 내놓은 TDR은 사무·연구 개발 분야의 고급 인력을 한데 모은 데스크포스팀으로, 이곳에서 집중적으로 혁신 과제를 연구하도록 했다. 6시그마가 혁신의 형식이라면 TDR은 방법론의 산실인 셈이다.

실제로 업계에선 6시그마와 TDR 활동이야말로 LG전자가 매년 20퍼센트 이상 성장할 수 있었던 비결로 꼽는다. 이러한 성과를 바탕으로 그는 2002년 창원공장에 스파르타식 '혁신학교'를 개설, 전자 분야의 혁신 성과를 LG그룹 모든 계열사로 확산하였다.

김 전 부회장의 인재관

김 전 부회장이 즐겨 인용하는 고사(古事)가 있다. '우공이산(愚公移山), 즉 어리석은 인물이 산을 옮긴다는 뜻으로, 쉬지 않고 꾸준히 일만 하면 큰일을 해낸다는 의미다.

김 전 부회장이 가장 좋아하는 인물이 바로 우공이다. 산을 옮기겠다는 강한 의지를 가지고 결과가 아직 보이지 않을지라도 꾸준히 묵묵히 실천하는 인물이기 때문이다. 따라서 현실적으로 불가능한 과제라도 지시가 떨어졌을 때 우물쭈물하는 직원보다 "해내겠습니다"라고 자신 있게 말하는 사람을 더 좋아한다. 김 전 부회장은 또 잔꾀를 부리는 인물을 제일 싫어한다. 자신 역시 그렇게 직장생활을 했다.

그는 이사직도 20년 이상 했다. 하지만 주어진 목표를 향해 신념을 가지고 끝내 자신의 시대를 열고 말았다.

경영철학

김 전 부회장의 경영철학은 한마디로 '혁신'이다. 그는 LG전자 창원공장에 근무할 때 '혁신학교'를 만들어, 모든 임직원에게 혁신 교육을 시켰다.

김 전 부회장은 자신의 경영철학을 총집결한 '혁신 10계명'을 만들어 이를 모든 임직원에게 확산시켰다. 그것은 다음과 같다.

❶ 5퍼센트는 불가능해도 30퍼센트는 가능하다

❷ 한방에 끝내라

❸ 조직을 파괴하라

❹ 실천하는 것이 힘이다

❺ 'No' 아닌 '대안'

❻ '나' 아닌 '우리'

❼ 자원유한지무한(資源有限智無限), 자원은 한계가 있지만, 지식은 끝이 없다

❽ 조기 혁신(Early Innovation)

❾ 과수원 패러다임

❿ '큰 덩치'를 잡아라

김 전 부회장은 자신의 경영철학을 잭 웰치 GE 회장으로부터 가져왔다고 말한다.

김쌍수 전 부회장의 신념

확고한 신념을 가져라. 신념은 불가능을 가능하게 하는 힘이다.
김 전 부회장은 주위의 어떤 우려와 비판에도 조금도 두려워하지 않는 신념을 가졌으며, 그 신념대로 행했다.

안 된다는 부정적인 생각보다 된다는 긍정적인 생각을 하라.
김 전 부회장은 안 된다고 생각하면 −50에서 시작하는 것이라고 말하였다.

일을 시작했으면, 아무리 어렵더라도 포기하지 말고 끝까지 매달려라.
김 전 부회장은 당시 노사분규를 해결하기 힘든 상황에서도 포기하지 않고 끝까지 매달려 마침내 해결하였다.

현장을 중시하라.
김 전 부회장은 34년 동안 현장을 우직하게 지키며 외길을 걸어오다가 마침내 CEO에 오른 입지전적 인물이다.

미래에 무엇을 할지 비전을 제시하고 솔선수범하라.

김 전 부회장은 CEO의 책무는 미래의 비전을 제시하고 솔선수범하는 것이며, 그렇게 할 때 직원들은 그 CEO를 신뢰하게 된다고 하였다.

PART 8

자신감

"자신감은 중요하다. 하지만 추상적인 자신감은 안 된다. 수치적 자료가 있어야 한다.
그래야 자신감에 힘이 실리고 설득력이 생긴다."

김홍창
파라다이스그룹 부회장

자신감으로
무장하라

어려울 때 발휘한 자신감

스스로 뭔가를 할 수 있다는 사실을 인정할 때 자신감과 의지가 생긴
다. 그 사람은 담대해진다. 그것은 희망의 싹이다. 하지만 불안감과
회의는 모든 가능성을 차단한다. 그러면 사람이 점점 왜소해진다.

이것들은 스스로가 만든 것이다. 강한 신념과 자신감을 갖고 있는 사
람은 어려운 상황에서도 포기하거나 희망을 잃지 않는다.

김홍창 부회장은 1954년 경남 남해에서 태어났다. 그는 승부근성이
남달랐다. 바둑에 푹 빠진 중학교 때부터 유독 지는 것을 싫어했다. 바
둑알을 쥔 지 6개월 만에 형을 이겼고, 남해에서 바둑 도사라는 아버지
에게 도전장을 내밀어 처음에는 연전연패했으나 6개월 뒤 마침내 아버

지를 꺾고야 말았다.

　김 부회장이 CJ투자증권에 관리총괄 대표이사로 재직할 때의 일이다. 리먼 사태가 터지기 직전인 2008년 7월, 코스피지수가 계속 하락했다. 얼마 전까지만 해도 고객들에게 투자하라고 권하던 전문가들은 입을 닫고 있었다. '미안합니다'라는 말만 되풀이하고 그 원인을 알려주지 않는 것이 당시 전문가들이 보통 사용하는 방법이었고, 애널리스트들의 관행이었다. 그러나 김 부회장은 달랐다. 고객에게 이메일로 사과의 뜻을 전했다.

　"어려운 상황에서 말씀드리는 것은 쉽지 않습니다만, 이런 때일수록 냉철하게 상황을 파악하고 마음을 나눠야 합니다."

　즉, 상황이 어려울수록 위축되지 말고 정면 돌파해야 한다고 주장한 것이다. 대단한 자신감이 없다면 그 상황에서 투자자들에게 그런 말을 하지 못한다. 편법을 쓰거나 돌아가는 방법을 쓸 것이다. 그런데 김 부회장은 이메일로 전달했다.

　그의 자신감은 번드르르한 호언장담이 아니었다. 그의 자신감은 경영전선에 뛰어든 1997년 이후 한 번도 실패한 적이 없는 데서 비롯되었다. 죽음의 늪에 빠진 회사를 살렸고, 업계 꼴찌 기업을 1, 2등의 기업으로 만들었다. 그는 누가 알아주든 말든 자신감을 바탕으로 온 힘을 쏟아부었고, 마침내 성공했다.

흥망 불패가 된 자신감

1997년 제일투자신탁의 지원본부장 이사 시절의 일이다. 부산, 경남이

텃밭인 제일투자신탁은 CJ투자증권(현 하이투자증권)의 전신으로 CJ가 1997년에 인수했다. 지금은 종합증권사의 면모를 갖췄지만 당시에는 언제 무너질지 모르는 지역 투신사에 불과했다. 이런 투신사에 IMF 외환위기가 닥치니 고객들의 환매가 잇달은 것은 당연하였다. 임직원들 모두 당황하고 있었다. 속수무책이었다. 그러나 김 부회장의 생각은 달랐다.

그는 전략을 세웠다. '제일투신'의 대주주인 CJ가 고객을 포기하지 않는다는 것을 보여주면 고객들의 반응이 달라질 것으로 판단했다. 그는 인천의 제일제당 공장으로 달려가 설탕을 2천 부대나 가져와 고객에게 나눠주었다. 설탕은 곧 CJ의 상징이었다. 그뿐만 아니라 고객의 신뢰를 얻기 위해 많은 자금을 들여 연예인 김혜자를 모델로 삼아 광고를 냈다. 결과는 대성공이었다. 김 부회장의 자신감을 본 고객들은 마음을 돌렸고 환매 사태는 중지되었다. 김 부회장의 자신감의 결과였다.

위기를 기회로 바꾼 자신감

위기를 넘긴 김 부회장은 그것으로 만족할 수 없었다. 최고의 CEO는 항상 위기를 기회로 전환시키는 자세를 갖추고 있는 법이다.

김 부회장 역시 위기를 기회로 바꾸기 위한 전략을 세웠다. 바로 S프로젝트였다. 금융권의 80퍼센트가 수도권에 몰려 있는 상황에서 경남, 부산에 눌러 있다가는 언제 더 큰 불똥이 튈지 몰랐다. 그래서 김 부회장은 회사를 수도권으로 옮길 것을 계획하고 공략을 서둘렀다.

제일투신은 곧바로 서울에 지점을 냈다. 수도권에 1년간 300개의 지점을 냈다. 직원도 600명이나 뽑았다. 다른 기업이 한창 구조조정을 해나가고 있을 때 제일투신은 오히려 인력을 충원한 것이다.

김 부회장의 예상대로 S프로젝트는 제일투신의 가치를 높였다. 2001년, 제일투신에 외국인 자본 1,800억 원이 유입되었는데, S프로젝트가 아니면 불가능한 일이었다.

자신감으로 승부수를 던지다

CJ투자증권 관리총괄 대표이사에 오른 김 부회장에게 커다란 과제 하나가 주어졌다. 이 과제를 해결하지 못하면 CJ투자증권은 껍데기뿐인 회사로 전락할 지경이었다. 부채가 문제였다. CJ그룹과 프루덴셜이 2001년에 투자한 후순위전환사채와 미지급 이자가 2,300억 원에 달했던 것이다.

김 부회장은 또 다시 승부수를 던졌다.

"클린 컴퍼니를 만들겠으니 미지급 이자 등을 출자전환해달라."

사람들은 비웃었다. 세상 물정을 몰라도 너무 모른다고 비아냥거렸다. 그러나 그 비아냥거림은 오래가지 못했다. 그해 10월 김 부회장은 2,300억 원을 출자전환하는 데 성공했고, 마침내 빚더미에 앉았던 CJ투자증권은 빚 없는 우량 회사로 다시 태어났다.

공감경영으로 자신감을 얻다

그러면 김 부회장의 승부수가 매번 통하는 이유가 무엇일까?

'공감경영'을 하기 때문이다. 공감경영이란 직원들로부터 공감과 동의를 이끌어내는 것이다. CEO의 말을 직원이 공감하지 못하면 그 말은 독선이자 독단에 그칠 뿐이다.

김 부회장은 어떤 방법으로 공감경영을 하였을까? 한마디로 '대화'다.

김 부회장은 직원들과 툭 터놓고 얘기하기를 좋아한다. 이 과정에서 자신의 결단에 대해서 묻고, 결론을 내린다. 직원이 갸우뚱하면 자신의 전략을 폐기하기도 한다.

김 부회장은 2006년부터 이메일로 경영을 한다. 월요일에서 금요일까지 매일 이메일을 보낸다. 무심코 보내는 이메일은 한 통도 없다. 그는 이메일을 통해 자신의 경영전략 또는 목표를 알리고 동의를 얻어낸다.

김 부회장의 이메일은 쌍방향이다. 직원은 김 부회장에게 소원도 말하고 고쳐야 할 점을 조언도 한다.

김 부회장은 협력업체 직원, 대리점 사장, 그리고 노동조합 관계자들과도 대화를 즐긴다. 그는 경영에서 나타나는 실수를 줄이기 위해서 많은 사람과 의견을 나누려고 한다. 이런 과정을 통해서 얻은 정보와 지식으로 무장하여 자신감을 얻고 경영에 임한다. 그러기에 그는 불패의 신화를 쓰고 있는 것이다.

김 부회장은 2009년 물류 기업인 CJ GLS 대표이사 사장에 취임하여 또 한 번의 도전에 나섰다. "시장에서 절대 지지 않는 경영"을 하겠다고 선언하면서, 싸우면 이기는 성격인 만큼 경영에서도 반드시 이기는 싸움을 하겠다고 말하였다.

"글로벌 물류 기업으로 성장하기 위해서는 글로벌 인재양성이 시급하다"고 말한 그의 전략은 물류 시장에서 매우 큰 주목을 받았다.

경영철학

그동안 김 부회장의 경영 과정을 통해서 그의 경영철학을 다음과 같이 유추해볼 수 있다.

김 부회장의 경영철학은 한마디로 공감경영이다. 직원들과 격의 없는 대화를 통해서 자신의 경영전략을 알리고 동의를 이끌어낸다. 많은 사람과 대화를 가지는 데 그치지 않고 그들의 의견을 경영에 반영한다.

김 부회장은 경영을 전쟁에 비교하며 '반드시 이기는 경영'을 강조한다.

"경영도 전쟁이며, 전쟁에서 지는 것은 곧 죽는 것과 같은 만큼 어느 기업과의 경쟁에서든 지고 싶은 마음은 조금도 없습니다."

그는 치열한 경쟁에서 우위를 점하기 위해서라도 가격 인하로 함께 망하는 방식을 지양하고, 원가 절감을 통한 경쟁력 확보에 나설 것이라고 말했다.

김홍창 부회장의 자신감

어려울 때일수록 자신감을 가지고 희망을 불어넣어라.

김 부회장은 어렵다고 책임을 회피하거나 어물거리지 않았다. 오히려 고객들에게 이메일로 지금의 어려운 상황을 함께 극복하자고 설득하였다.

위기를 만났을 때 극복할 수 있다는 자신감을 보여라.

김 부회장은 위기가 닥쳐 고객들이 등을 돌릴 때 고객들이 안심할 수 있는 방법을 찾아 해결책을 제시하고 반드시 위기를 이겨낼 수 있다는 자신감을 보였다.

위기를 넘겼을 때 그것에 만족하지 말고 도약의 기회로 만들어라.

김 부회장은 위기를 넘긴 후 더 큰 시장, 즉 수도권으로 회사를 옮기기로 결정하였다. 그리하여 다른 기업들이 구조조정을 할 때 600명이나 채용하는 과감성을 보였다.

큰일일수록 자신감으로 승부수를 던져라.

지금까지의 과정을 통해 자신감을 얻은 김 부회장은 회사의 부채를 줄이고 클린경영을 하겠다는 목표를 직원은 물론 고객들과 주주들에게 천명한 다음 부채를 전환사채로 교환해줄 것을 요구하였다.

직원들이나 고객들과 대화를 통해 공감경영을 하라.

김 부회장은 중요한 전략을 결정할 때에는 반드시 직원들과 이메일을 통한 대화를 통해 동의를 구한다. 직원들이 동의하지 않을 경우에는 수정하기도 한다. 이런 대화를 통해서 그는 더욱 자신감을 갖고 경영에 임할 수 있었다.

PART 9

커뮤니케이션

"과거 매출 중심, 양 중심의 영업 관행에서 벗어나
생산성과 효율 중심의 경영으로 빠르게 전환하고자 한 것이다."

신창재
교보생명 회장

원활한
커뮤니케이션으로
문제점을 파악하다

상황의 정확한 인식

신창재 회장은 서울대학교 의대교수로 재직하다가 선친의 권유에 따라 CEO로 변신하였다. 1996년 교보생명 부회장으로 취임하면서 의사직을 접었다.

2000년 5월에 교보생명 회장에 취임한 신 회장은 무엇보다도 질경영을 강조한다. 그가 질경영으로 전환한 계기는 잘못된 경영 현황의 근본 원인을 올바르게 인식했기 때문이다. 그가 이런 올바른 판단을 내리기까지 많은 사람과 대화하고 끊임없이 커뮤니케이션을 한 과정이 있었다.

회사경영에 문제가 있을 때, 상황을 정확히 인식하면 올바른 처방을 할 수 있는데, 그렇지 못하면 아무리 많은 투자를 해도 개선할 수가 없다. 마침 신 회장은 상황을 제대로 인식했다.

신 회장이 교보생명이 처한 상황과 회사의 경영 상태를 먼저 파악하려고 했던 것은 그가 의사 출신이어서인지도 모른다. 신 회장은 항상 CEO와 의사는 공통점이 많다는 것을 강조해왔다.

신 회장은 회사 현황을 정확히 파악하려면 먼저 임직원들과의 의사소통, 즉 커뮤니케이션이 중요하다는 것을 깨달았다. 그래서 지점장은 물론 영업소장에서부터 FP(생활설계사), 고객에 이르기까지 많은 사람들과 만나 대화를 나누고 의견을 들었다. 대화 채널로 이메일, 전화, 편지 등 다양한 방식을 이용하였다.

신 회장은 취임하자마자 임직원들과 산행을 하였고, 직원들과는 가끔씩 호프데이 행사를 가졌다. 이런 행사를 통해 임직원들과 격의 없는 대화를 나누면서 회사의 문제점 등을 파악하려고 노력했다. 신 회장은 취임 초기 연수원에서 직원들과 대화를 시작하면 새벽 한 시까지 토론을 벌이기도 했다.

신 회장이 회장으로 취임했을 때 당시 국내 중앙생보사들은 고금리 부채가 많아 상당한 역마진이 진행되고 있었고, 투자자산에 관한 리스크관리가 무척 미흡했다. 그럼에도 불구하고 국내 생보사들은 무리한 외형경쟁을 벌이고 있었다. 따라서 국제경쟁표준에 맞는 시장경쟁력을 갖추지 않으면 조만간 생보업계는 그 존망의 기로에 서게 될 것이라고 판단했다. 이런 판단은 직원들뿐만 아니라 많은 사람과의 커뮤니케이션을 통해서 얻은 정보에 입각한 것이었다.

신속하게 실행하다

신 회장은 취임 당시 생보사들의 문제점 중에서 가장 크다고 생각하는 양 위주의 경영, 즉 외형경쟁을 탈피하기로 결심하였다.

신 회장은 당시 보험 시장의 성숙, 금융 산업의 통합화 흐름, 외국 생보사들의 약진에 따른 시장경쟁의 가속화로 인해서 업계가 몸집 불리기만 계속한다면 수년 내에 고객들로부터 외면당할 것이라는 판단을 내렸다. 그리고 그 판단에 맞는 신속한 조치를 취했다.

2001년, 신 회장은 교보생명의 새 비전과 CI(기업이미지)를 선포했다. 곧 질 중심의 경영으로 전환한 것이다. 양(Volume)에서 질(Value)로, 가치를 외형 중심에서 고객 중심, 수익 중심의 경영으로 완전히 전환하였다.

혁신의 결과

신 회장이 질경영으로 전환한 다음에 달라진 것은, 재무제표와 사원이다.

우선 재무제표를 보면, 보유자산 클린 작업을 통해 자산 리스크를 크게 축소하여 고정 이하 자산비율을 현재 보험업계 최고 수준으로 맞추었다. 생명보험사로서 팔아야 할 진정한 보험상품을 얼마나 많이 판매하느냐는 측면에서도 비약적인 발전을 이루었다. 이를 통해 회사 수익구조가 안정적인 선진형으로 바뀌었다.

사원들의 변화는 그야말로 놀라울 정도다.

신 회장의 서비스 정신은 한마디로 성경에 나오는 '네가 남에게 대접을 받고 싶은 대로 남을 대접하라'는 것이었다. 기업이 더 큰 성공을 원한다면 원하는 만큼 고객의 성공을 도와주어야 한다는 뜻이다.

신 회장은 취임 이후 전국 100여 개, 1,900여 명의 직원들이 자발적으로 참여하는 CS(고객만족) 동아리를 만들어 운영하였고, 다른 금융기관보다 30분 일찍 업무를 시작하도록 했다.

또 CS 컨설턴트제를 도입하여 고객서비스 진단을 통한 개선안을 수립하도록 했으며, CS 혁신협의회를 통해 보험금 지급 및 민원 처리 절차를 대폭 간소화했다.

인사제도에도 많은 변화가 있었다. 그는 사내 공모제를 통해 사원들에게 자원하고 싶은 분야에서 일할 수 있는 기회를 제공했다.

승진 예고제는 조직원들의 이해도를 높이고 소명기회를 제공해 개인적인 역량과 관계없이 불이익이 발생하면 재심사를 통해 합리적인 인사 조치를 하기 위한 새로운 시도였다. 이는 투명한 인사제도를 뿌리내리는 계기가 되었다.

신 회장의 이러한 혁신의 결과 교보생명은 한국능률협회컨설팅이 주관하는 고객만족경영대상을 2000년부터 2004년까지 5년 연속 수상했으며, 2009년에도 수상했다.

소탈한 성품의 그는 불우이웃돕기 자선행사에서 직접 서빙도 했다.

그는 기업이 반드시 이윤을 추구해야 하지만, 이윤 추구가 궁극적 목적이 되어서는 안 된다고 생각한다. 그에 따라 교보생명의 핵심 목적은 모든 사람이 삶의 역경을 헤쳐나갈 수 있도록 도와주는 것이라고 말한다.

경영철학

신 회장이 교보생명에 취임한 이후 오늘날까지 경영하는 모습을 통해서 볼 때 그의 경영철학은 다음과 같다.

첫째, 질 위주의 경영이다.

즉, 고객을 많이 확보하는 것을 목표로 삼던 경영에서 기존의 고객에 대한 서비스 강화로의 전환이 그것이다.

둘째, 이윤 추구가 아닌 사회 모든 사람의 삶을 윤택하게 하는 것을 목적으로 하는 경영이다.

신창재 회장의 커뮤니케이션

기업이 놓인 현재의 상황을 똑바로 인식하라.

신 회장은 취임하자마자 교보생명이 처한 상황을 제대로 파악하였다. 그리하여 문제점, 즉 외국 생명보험사들이 선전하고 있는 데 비해 국내 생보사들은 너무 외형에만 치중한다는 것을 알았다.

상황 타개를 위한 신속한 조치를 취하라.

신 회장은 문제를 발견한 즉시 신속하게 질경영으로 전환하였다.

임직원들과 격의 없는 대화를 하라.

신 회장은 임직원들과는 물론 고객들과도 대화를 하여 그들이 무엇을 요구하는지를 알았다. 신 회장은 말로만 소통하는 것이 아니라 몸으로 실천했다. 그 좋은 예가 불우이웃돕기 자선행사에서 직접 서빙을 하는 것이다.

인사를 제도적으로 공평하게 하라.

신 회장은 조직 내에서 가장 불만이 많은 부분이 인사라는 점을 간파하여 제도적 불공평을 없앴다.

확고한 경영철학을 가져라.

신 회장은 아무리 이윤을 창출하는 기업일지라도 이익이 전부가 아니라는 경영철학을 가지고 있었으며, 그것을 직원들에게 인식시키기 위해서 많은 노력을 기울였다.

PART 10

인내

"무엇이든지 해보지도 않고 걱정만 하는 것은 미련하고 우매한 짓이다."

정수홍
PKL 대표이사 사장

때를 기다리는
인내가
필요하다

일보 후퇴하다

세계적인 경제위기로 온통 세상이 소란스러웠던 2008년, 포트로닉스나 한국의 PKL도 예외는 아니었다. 2008년 12월 정수홍 사장은 영국의 맨체스터 공장을 폐쇄하기로 하고 그곳에 있던 기계를 대만으로 옮기기로 결정하였다.

정 사장은 '이런 결정이 얼마나 많은 사람에게 고통을 줄 것인가'라는 생각에 가슴이 찢어지는 고통을 느꼈다. 최고책임자는 그래서 고독한 법이다. 이때 정 사장의 마음은 환부를 도려내야만 생명을 유지할 수 있는 환자를 치료하는 외과의사의 심정과 비슷하였을 것이다.

정 사장은 매출이 작년보다 20~30퍼센트 감소할 것이라는 가정을 하고 서바이벌 시나리오를 만들어본다. 세계 각국에 소재한 10개 공장 중 어느 공장을 폐쇄해야 할지, 인력을 얼마나 감축해야 할지……. 자신이 내린 결정이 비록 회사를 살리고 재무 상태를 건전하게 해서 향후 훨씬 나은 회사로 발전시킬 수 있는 일보 후퇴라 할지라도, 현재로서는 많은 직원을 거리에 내몰아야 하는 처지이므로 가슴이 아픈 것은 어쩔 수 없었다.

위기를 극복하는 첫 번째 자세, 열정

늘 그러했듯이 이런 경제위기를 정 사장은 도약의 기회로 삼았다. 물론 인생을 살면서 이런 고비를 처음 만나는 것은 아니었다. 그 고비마다 아슬아슬하게 어려움을 극복하였고, 오히려 한 계단 상승하는 계기를 만들어왔다. 그 원동력은 무엇이었을까? 그는 자신 있게 '열정'이라고 말한다. 열정만 있으면 어떤 위기도 극복할 수 있다고 강조한다.

기업의 진정한 가치는 기업 구성원으로 판단할 수 있다. IMF 외환위기가 한창이던 1998년경, 그는 외자 유치를 위해 정신없이 뛰어다녔다. 그때 미국 캘리포니아의 라이프사이클펀드를 운영하던 한 투자사의 CEO가 정 사장에게 이런 말을 해주었다.

"투자를 함에 있어 부동산의 경우는 첫 번째도 위치이고, 두 번째도, 세 번째도 위치입니다. 기업에 투자할 경우 우리가 보는 것은 첫 번째도 사람, 두 번째도 사람, 세 번째도 사람입니다."

그렇다. 국내외 유수 기업이 추구하는 가장 큰 가치는 사람이다. 좋은 사람이 좋은 회사를 만든다는 것은 진리다. 정 사장은 여기에 한 가지를 덧붙인다.

"'열정을 가진 사람'이 좋은 회사를 만든다."

열정이 없는 사람은 아무리 좋은 교육을 받아도, 아무리 머리가 비상해도 의미가 없다. 무언가 하고자, 무언가 이루고자 하는 뜨거운 열정이 없으면 아무것도 이룰 수 없다.

정 사장에겐 지나칠 정도의 뜨거운 열정이 있었다. 아무리 힘든 상황이라도, 아무리 어려운 일이라도 그 일을 해내겠다는 열정이 있었기에 지금까지 닥친 위기를 잘 극복해낼 수 있었다.

"기업을 운영하다 보면 늘 어려움에 부딪힙니다. 큰 산이 앞을 가로막고 있는 거지요. 나는 저 산을 넘으면 평평하고 순탄한 길이 있을 것이라고 믿고 열심히 그 산을 넘어봅니다. 그러나 항상 그 산 너머에는 더 큰 산이 나를 가로막습니다. 그러면 또 다시, 또 다시 도전합니다. 그래서 또 그 어려움을 극복하지요."

만약 열정이 없다면, 극복하겠다는 의지가 없다면 어떻게 그 수많은 산을 넘을 수 있었겠는가.

위기를 극복하는 두 번째 자세, 최선을 다하라

사람들은 흔히 "최선을 다하라"고 얘기하곤 한다. 과연 그 의미가 무엇일까? "당신은 최선을 다하고 있습니까?"라고 질문을 던지면 무슨 대답을 할 수 있을까?

모 기업에 재직하던 시절 정 사장은 정말 자신이 경영하는 회사를 꿈꾸었다. 회사원 모두 열심히 노력해서 성공한 기업이었지만, 당시 정 사장은 회사의 입장에서는 그저 한 사람의 임원일 뿐이었다. 더욱이 참을 수 없었던 일은 모든 시장이 한국 및 아시아로 이동하고 있었고, 삼성과 LG와 현대(現 Hynix)는 최고 기업으로 세계적인 기술 수준을 가지고 그에 걸맞은 파트너를 찾고 있었는데도, 자신이 몸담고 있는 회사는 한국에 최첨단 설비 투자를 하지 않았다. 미국과 유럽에 먼저 투자를 하고 한국은 항상 그다음이었다.

정 사장은 그 기업을 떠나면서 자신이 원하는 회사를 세우고 싶은 열망으로 사업계획서를 만들고 또 만들었다. 그러나 천억 원 가까이 소요되는 이 장치 사업을 정 사장 혼자서 시작하기에는 역부족이었다. 친구, 선배 등 그가 아는 모든 이에게 투자를 권유해보았지만 모두 손사래를 쳤다. 그렇게 해서 시작될 사업이 아님을 정 사장은 깨달았다.

정 사장은 마음의 고향처럼 생각하는 구미의 금오산을 찾았다. 박정희 대통령을 배출했던 산의 정기 때문도, 풍수지리의 원조인 도선선사가 은거했던 산이기 때문도 아니라 그저 그는 자신의 마음의 고향 같았던 금오산을 찾은 것이다. 그는 죽어라고 기원했다.

"금오산 산신령님! 아니, 천지를 관장하는 신이시여, 저는 정말 최선을 다했습니다. 제가 이런 사업을 해보고 싶습니다. 제가 만약 최선을 다하지 않았다면 제 기도를 들어주지 마시고, 최선을 다했다면 절 좀 도와주십시오. 이젠 인간으로서 제가 할 수 있는 일은 다 한 것 같습니다."

이런 기도를 하고 돌아온 그에게 A그룹 K 회장의 연락이 기다리고 있었다. 결국 K 회장의 투자로 그는 오늘의 PKL의 모체를 세우게 되었다. 정 사장이 금오산에서 빈 것이 효과가 있었는지도 모른다.

정 사장은 가끔 신입사원 교육에서 이런 얘기들을 해준다.

"여러분이 믿는 신께 이렇게 기도해보세요. '제가 최선을 다했으면 도와주시고 그렇지 않으면 제 기도를 들어주지 마십시오'라고."

정 사장의 '최선을 다하라'는 정의는 여기서 비롯된다. 자기가 믿는 신에게조차 최선을 다했다고 자부할 수 없다면 최선을 다한 것이 아니라는 말이다.

위기를 극복하는 세 번째 자세, 끈기를 가져라

정 사장이 천안에 PKL공장을 세우고 시제품을 생산하기 시작한 때가 1995년 봄이었다. 그런데 매출은 정말 정 사장의 마음처럼 올라가지 않았다. 포토마스크 공장을 두 번씩이나 짓고 성공적인 생산을 하여 훌륭한 성공 사례를 가지고 있던 정 사장은 세 번째 공장의 매출이 늘지 않아 조바심을 내고 있었다.

정 사장은 나름대로 할 일은 다해보았다. 품질 시스템을 다시 점검하고, 고객의 니즈도 다시 파악하고, 영업팀들을 독려해보아도 매출이 오르지 않았다. 경쟁사의 집요한 공략 때문인지, 신규 회사에 대한 막연한 불안감 때문인지 매출은 제자리를 맴돌았다. 정 사장은 하다못해 전 사원의 염원을 한데 모으겠다면서 전 사원을 데리고 성공 기원 등반도 하였다. 정말 정 사장을 비롯하여 PKL 직원들 모두가 최선을 다하고 있었던 것이다.

그러던 어느 날 점심 식사 후 산책하던 정 사장의 눈에 예쁘게 갓 피기 시작한 몇 송이의 꽃이 보였다. 꽃을 보는 순간 정 사장의 뇌리에 한 가지 생각이 문득 떠올랐다.

'그래, 저 한 송이의 꽃도 얼마나 많은 날을 기다려왔을까? 지난 겨울 그 추운 겨울바람도, 눈보라가 휘몰아치는 궂은 날씨도 저 한 송이 꽃은 이겨냈을 것이다. 그러나 아무리 힘든 과정을 겪었다고 해도 12월이나 1월 추운 겨울에 꽃을 피울 수는 없다. 봄이 되어야, 때가 되어야 꽃은 피는 거다.'

정 사장은 너무나 평범한 이런 자연의 이치를 지금까지 몰랐던 자신을 자책하면서 사무실에 돌아와 노트에 이제야 깨달은 가장 평범한 이치를 적어보았다.

'아무리 노력을 하여도, 아무리 어려운 일을 극복해도 겨울에 꽃이 필수 없듯이 사업에는 때가 있는 것이다.'

그 후론 정 사장은 조급해하지 않았다. 그렇다고 노력을 게을리하지도 않았다. 다만, 기다리는 지혜를 터득한 것이다. 봄에 꽃이 피고 가을에 열매를 맺듯이, 세상사 때를 기다릴 줄 알아야 함을 깨달은 것이다.

정 사장이 귀중한 이치를 깨닫고 여유를 가지고 최선을 다하자 마침내 고객은 그의 가치를 조금씩 인지하기 시작했고 매출은 올라가기 시작했다.

인생을 살면서 때로는 기다림의 미학이 필요하다. 사업도 마찬가지로 기다릴 줄 알아야 한다. 충분한 태양과 바람과 수분을 공급받아야 여무는 열매처럼……

위기를 극복하는 네 번째 자세, 좋은 사람과 좋은 관계를 가져라

인생에서 중요한 만남이 있다. 인생을 바꿀 만큼 중요한 만남이다.

정 사장은 자신의 인생에서 두 번의 중요한 만남을 소중히 기억하고 있다.

그 첫 번째는 A그룹 K 회장이다. K 회장은 정 사장이 그토록 열망하던 사업의 꿈을 이루도록 그를 믿어주고 투자해주었다.

1993년 반도체 전시회를 하던 실리콘벨리에서 정 사장은 K 회장과 첫만남을 가졌다. A그룹은 미국에 반도체 패키지 영업을 하는 미국 법인을 가지고 있었다. 지금은 그 미국 회사가 A그룹을 다시 인수 합병해 완전히 넘어간 상태다.

부하직원으로부터 정 회장의 사업계획서를 간단히 보고받은 K 회장이 정 사장에게 만나고 싶다는 연락을 해왔다. 정 사장은 사업계획서를 잔뜩 준비하여, 어떻게 설명할지를 몇 번이고 생각하면서 K 회장의 사무실로 향했다. 보통의 경우 포토마스크가 무엇인지부터 설명해야 하는 게 순서인데 K 회장은 애초부터 정 사장의 사업계획서에는 관심이 없었다. 그의 질문은 엉뚱하고 단순하였다.

"이 사업을 할 기술이 있다는 것을 설명해보세요."

K 회장의 질문에 정 사장은 S그룹과 D사에서의 자신의 경험을 설명했다.

"오케이. 이 사업을 같이할 사람, 즉 팀은 있습니까?"

정 사장은 자신을 믿고 따르는 핵심 멤버를 설명했다.

"알았습니다. 당신이 꿈꾸던 일, 내가 도와줄 테니 멋지게 펼쳐보십시오."

그게 다였다. 물론 몇 가지 정 사장과 상의하는 얘기도 있었지만 K 회장은 정 사장의 확신에 찬 모습과 열정을 보고 이미 투자를 결심하고 있었다. 이후 K 회장은 A그룹 사장단 회의를 할 때마다 항상 자기 앞에 정 사장을 앉히곤 했다. 30대 후반인 정 사장을 보면 엔도르핀이 생성된다는 농담도 잊지 않았다. K 회장은 정 사장의 꿈을 실현시켜준 최초의 조력자였다.

몇 년 후 A그룹이 반도체 IC제조업에 진출한 후 PKL의 고객은 경쟁회사 계열사에 포토마스크를 주문할 수 없다는 이유로 주문을 하지 않았다. 위기를 맞은 정 사장은 K 회장을 다시 찾았다.

"회장님, 외람되지만 저희 사업부를 독립시켜 주십시오. 그리고 일부 A그룹 지분을 팔아주십시오. A그룹만을 위한 포토마스크 제조공장으로서는 의미가 없습니다. 그렇지 않으면 고객은 우리에게 등을 돌릴 수밖에 없습니다."

당돌한 정 사장의 태도에 K 회장은 오히려 웃는 얼굴로 그를 쳐다보았다.

K 회장의 비즈니스 판단은 빨랐고, 그는 엉뚱하게 이렇게 얘기했다.

"정 사장, 내 차에 타지. 회장이 운전하는 차를 얻어 타고 가는 건 한국에서는 상상하기 쉽지 않지. 정 사장의 열정과 집요함에 내가 졌어."

정 사장은 지금도 K 회장을 진심으로 존경하는 인생의 대선배로 모신다.

정 사장에게 두 번째 중요한 만남은 포트로닉스의 디노 마크리코스타스 회장이다.

1995년 겨울, 유난히도 눈이 많이 와 코네티컷은 그야말로 눈에 파묻혀 있었다. 자신이 탄 비행기가 어떻게 JKF 공항에 도착했는지, 어떻게 그곳까지 갔는지 정 사장은 기억이 가물했다. 그곳에서 정 사장은 디노 회장을 처음 만났다. 자기 회사에 투자하도록 설득하기 위해서였다. 디노 회장이 투자를 하지 않는다면 정 사장은 다시 한 번 위기를 맞게 될 것이었다.

디노 회장은 그리스 사람으로 미국 이민 1세다. 젊은 시절 피자가게부터 별별 사업을 다 한 사람이었다. 정 사장보다 키가 작은 디노 회장은 마음씨 좋은 백발의 외국 할아버지처럼 보였다. 그날 만남에서 정 사장의 논리적이고 진실이 담긴 설득에 마음이 끌린 디노 회장은 10퍼센트 정도 지분을 PKL에 투자하였고, 2001년에는 마침내 포트로닉스가 PKL 지분 70퍼센트를 인수하였다.

디노 회장과의 만남은 두 사람 모두에게 진정 원원을 만들어주었다. 정 사장은 코네티컷의 만남 이후 디너 회장을 아버지처럼 여기게 되었다고 한다. 디너 회장도 정 사장을 아들처럼 생각한다.

인생에서 좋은 사람을 만나는 것만큼 중요한 것은 없다.

"당신이 만나는 사람에 의해 당신의 위치나 위상이 결정된다"는 말은 분명 맞는 말이다. 그리고 좋은 만남을 좋게 만드는 노력이 필요하다.

A그룹 K 회장이나 디노 회장도 어떤 이에게는 결코 도움이 되지 않았을 것이다. 아니 오히려 해를 끼친 사람이었을지도 모른다. 그러나 정 사장에겐 정말 소중한 사람들이다. 좋은 사람과 좋은 만남이란 이런 의미를 가지며, 이런 만남이 위기를 극복하게 해준다.

국내 포토마스크의 시장점유율 60퍼센트 이상을 차지하고 있는 PKL은 2003년 2월 QS 9000 인증심사를 거쳐 3월에 획득하였다. 포토마스크 제조업체로서는 드물게 제조장비도 만들어 판매하고 있는 PKL은 2002년 QS인증과 더불어 한 단계 업그레이드된 품질보증 체제를 구축하고 있다.

오늘도 정 사장은 새벽 다섯 시에 일어나 자택이 있는 분당에서 공장이 있는 천안으로 차를 몰아 고속도로를 달린다. 멀리서 동이 터오는 것을 보면서 그는 '어둠 뒤에는 반드시 아침이 온다'는 평범한 진리를 깨닫는다고 한다.

경영철학

정 사장의 경영 과정과 그의 말을 통해서 알 수 있는 것은 정 사장의 경영철학에서 최우선가치가 바로 '사람'이라는 사실이다. 사람 중에서도 열정이 넘치는 사람을 최우선으로 한다. 그는 '열정을 가진 사람이 좋은 회사를 만든다'고 말한다. 그는 자신이 열정이 있었기에 여러 번 만난 위기를 극복할 수 있었다면서 자신의 경험을 통해 무엇보다도 열정을 가진 사람을 최우선시한다.

두 번째로 그는 좋은 사람과 좋은 관계를 갖는 것을 중요하게 여긴다. "당신이 만나는 사람에 의해 당신의 위치나 위상이 결정된다"는 말을 좌우명으로 삼고 경영에도 적용하고 있다. 그는 K 회장과 디노 회장과의 만남을 자신의 인생과 사업에서 중요한 계기로 보고 있다.

세 번째로 그의 경영철학은 때를 기다리는 것이다. 아무리 노력해도, 아무리 어려운 일을 극복해도 겨울에는 꽃이 필 수 없다는 지혜를 깨닫고 경영에서 때를 기다리는 것을 철학으로 삼아 조급하게 서두르지 않는다.

정수홍 사장의 인내

뜨거운 열정을 가져라.
정 사장은 위기 때마다 뜨거운 열정으로 극복하였다.

위기를 극복하기 위해 할 수 있는 한 최선을 다하라.
정 사장은 창업 초기에 자금을 마련하기 위해 구미 금오산에 가서 빌
면서 자신이 최선을 다했는가를 물었다.

좋은 사람을 만나서 좋은 관계를 맺어라.
정 사장은 위기 때마다 자신을 구해줄 좋은 사람을 만나 좋은 관계를
유지하고 있다. 위기를 극복할 수 있는 길은 좋은 사람을 만나 도움
을 얻는 것이다.

**상대가 납득할 수 있도록 논리적이어야 하고 상대가 감동할 수 있는 설득력이
있어야 한다.**
정 사장은 위기 때마다 좋은 사람을 만나 논리적으로, 그리고 감동하
도록 설득을 하여 도움을 구하였고, 결국 위기를 극복하였다.

때를 기다릴 줄 아는 끈기를 가져라.

정 사장은 위기를 만났을 때 최선을 다했음에도 성과가 없자 초조해
지기 시작했으나, 무엇이나 다 때가 있음을 알고 그 때를 기다리는
끈기를 배웠다.

PART 11

변화

"사장이 변화를 추진하면서 따라오라고 하면 그건 진정한 변화가 아니다.
서로의 생각이 교감하고 소통을 거쳐 합일된 가운데 추진해야 변화되었다고 할 수 있다."

이종수
SH공사 사장

변화는
합일된 가운데
추진해야 한다

현대건설 사장으로 취임하다

현대건설은 고 정주영 회장이 된다는 확신 90퍼센트와 반드시 되게 할
수 있다는 자신감 10퍼센트로 세운 회사다. 현대건설이 발전할 수 있
었던 것은 상황에 적절한 CEO가 있었기 때문이다. 회사가 창립된 지
어언 30년이 지나면서 현대건설은 '변화'를 필요로 하는 시점에 이르
렀다. 그 변화에 적합한 인물로 이종수 사장이 선택되었다.

변화의 방법, 소통과 합일

2006년 현대건설 사장에 취임한 이 사장은 현대건설이 변화에 적합인

인물로 자신을 택한 사실을 인지하고 변화를 시도했다. 그런데 그는 지금까지의 CEO처럼 강력한 카리스마로 밀고 나가는 방식을 택하지 않았다.

이 사장은 '카리스마'라는 단어 자체를 싫어한다. 역사적으로 변화를 위해 강력한 카리스마를 보여준 인물들이 많다. 그러나 카리스마는 오늘같은 글로벌 시대에는 적합하지 않다는 것이 그의 생각이다. 그는 요즈음 기업의 CEO들은 카리스마보다 커뮤니케이션 기술을 갖추는 것이 더 필요하고 생각했다.

시대가 변하면 CEO의 리더십도 변한다. 이 사장은 커뮤니케이션을 통한 변화를 유도, 실천하였다.

이 사장은 하루를 이메일 체크로 마감한다. 받은 이메일에 일일이 답장을 하고, 특히 임직원에게서 온 이메일은 내용의 중요 여부에 관계없이 반드시 답장을 보낸다.

그는 임직원들과 대화를 많이 나누기 위해 토요일에는 현장을 방문하여 소장이나 간부들과 시간을 갖는다. 현장에 방문하느라 그는 사장 취임 후 골프를 거의 포기했다.

이 사장은 취임하면서 변화니 개혁이니 하는 거창한 말을 사용하지 않았다. 조용하게 변화를 시도했다. 당장 사무실의 회의용 탁자를 원탁으로 바꿨다. 사장도 임원도 권위를 버리는 데서부터 변화를 시작한 것이다.

첫 번째 변화, 글로벌 기업으로

이 사장이 현대건설 사장에 취임하면서 시작한 변화는 우선 글로벌 시장에서 입지를 단단히 하는 것이었다.

그는 첫해에 국내 건설업계 최초로 카타르의 GTL(Gas to Liquid)공사를 수주하였다. 그리고 부임 첫해에 24억여 달러의 해외수주를 올리면서 제2의 중동특수 붐을 일으켰다.

이 사장은 공사 물량이 많은 중동 지역에서 기술 경쟁력을 갖추어, 수익성이 높은 가스, 오일, 발전 등 플랜트 분야를 비롯해 항만, 교량, 준설 등 토목 분야에 전력을 기울였다. 이 모두가 변화의 한 방법으로 현대건설을 글로벌 기업으로 만들려는 이 사장의 기획에서 나온 것이다.

두 번째 변화, 신개념 아파트 도입

이 사장이 시도한 또 하나의 변화는 아파트의 개념을 완전히 바꾼 것이다. 종래의 아파트는 주거에 불편함이 없으면 주거 공간이 넓은 것으로 만족하곤 했다.

이에 이 사장은 해외 유명 디자인 회사와 협력하여 차별화된 내외부 설계와 평면을 보여주었고, 아파트의 품질 면에서도 최고의 기술력과 축적된 시공 경험을 토대로 고품질 시공을 선보였다. 한마디로 높아진 고객들의 눈높이에 걸맞은 최상의 주거만족형 아파트를 만들었으니, 그것이 곧 '힐스테이트'다.

힐스테이트는 아파트의 개념을 한 단계 끌어올린 것으로, 브랜드 론

칭하는 데도 무려 2년이 걸렸다. 그것은 지금까지의 아파트 개념과 완전히 달랐기에 고객들의 인식이 바뀌기 전까지는 승산이 없는 문제였다.

힐스테이트는 시작 당시 많은 사람의 우려와 달리 당시 서울과 수도권은 물론 아파트 수요가 어렵다는 지방에서도 인기몰이에 성공함으로써 또 다른 가능성을 보여주었다.

변화의 성과

이 사장의 취임 후 이러한 변화로 인해 2007년에는 현대건설의 주가가 가파르게 상승곡선을 그렸고, 건설사로서는 처음으로 시가 10조 원을 돌파했다. 이와 함께 신용등급도 A로 상향 조정되면서, 현대건설은 부활의 꽃을 활짝 피웠다.

2012년 5월 9일 이 사장은 현대건설 사장직을 사임하고 서울시가 운영하는 SH공사 사장으로 취임하였다.

이 사장의 인재관

이 사장은 인재는 조직의 성공 요건 중 가장 중요한 요소라고 말한다.

글로벌 인재를 좋아한다. 글로벌 인재란 지식은 물론이요, 꿈, 상상력, 이미지, 창의성, 문화, 예술에 대한 이해를 갖춘 인재다.

또한 이 사장이 생각하는 글로벌 인재는 치밀한 추진력에 낭만적인 상상력을 가지고 있으며, 기존의 패러타임을 뒤엎을 만큼 창조적 파괴력이 있는 인재다.

더 나아가서 상상력과 이를 구체화할 수 있는 능력, 창의적인 혁신 마인드에 불도저 같은 추진력, 여기에 양심적인 가치관과 세계관을 갖추고 실행에 옮길 수 있는 의지의 소유자다.

경영철학

이 사장의 경영철학은 '물 흐르는 듯한 경영'이다. 즉, 늘 수평을 유지하는 물처럼 부족한 곳은 채워주고, 넘치는 곳은 털어내 유연하게 회사를 운영하는 것이다.

그는 또 '중용'을 중시하여 남의 의견을 존중하며, 될 수 있으면 많은 사람들과 대화를 나누고 그들의 의견을 듣는다. 그러나 한 번 결심하면 뚝심 있게 밀어붙인다.

이 사장은 상명하달의 관계로 회사를 운영하지 않고 수평적으로 이끈다. 그리하여 직원에게 가급적 권한과 책임을 많이 부여한다.

이종수 사장의 변화

변화를 시도하더라도 소리없이 하라.

이 사장은 취임 당시 모두가 변화를 갈망하고 있었으므로 개혁이나 변화에 대한 어떤 말도 하지 않고 소리 없이 변화를 추구, 실현했다.

자신의 행동이나 자세부터 변화시켜라.

이 사장은 취임 후 변화에 대한 언급은 하지 않고 우선 할 수 있는 것부터 했다. 종래 직위에 따라 앉게 되어 있던 사무실의 회의용 탁자를 원탁으로 교체해 직위 체계를 없애고 허심탄회하게 이야기를 나누도록 이끌었다.

변화의 효과를 얻기 위해서는 조직원들의 공감과 동의를 구하는 것이 필수적이다.

이 사장은 임직원들과 이메일과 대화를 통해서 변화의 합일점을 찾는 데에 주력했다.

변화의 가시적인 성과를 보여라.

변화의 성과가 나지 않으면 그 변화에 대해서 회의를 갖게 된다. 이 사장은 글로벌 기업으로 전환하면서 부임 첫해에 24억여 달러를 수주했다.

변화의 주체도 사람이다. 합당한 인재를 구하는 데에 힘써라.

만사는 인사로 통한다는 말처럼, 이 사장은 시대의 변화에 따른 적합한 인재를 찾도록 했다. 특히 그는 글로벌 시대에 맞는 인재관을 정립하고 있었다.

PART 12

기회 포착

"사람을 뽑을 때 그 사람이 해당 분야에 얼마나 전문성이 있는지를 살피고,
그다음에는 태도와 인격을 본다."

변대규
휴맥스 사장

시장이 원하는 제품,
그것이
정답이다

첫 번째 기회, 창업

1989년 2월, 관악산 기슭 끝자락에 위치한 서울대학교 부근의 허름한 사무실에 서울대학교 제어계측학과 출신 몇 명이 모였다. 모두 가까운 친구들이었다. 그들은 사무실에 '건인시스템'이라는 간판을 걸었다. 이렇게 시작한 회사가 2010년 연매출 1조 원을 돌파한 휴맥스다.

이보다 앞서 1989년 초에 변대규 사장을 비롯하여 세 사람은 신림동 포장마차에 모여 소주잔을 기울이면서 진로를 논의하고 있었다. 그들은 모두 서울대학교를 졸업했거나 대학원에 다니는 엘리트였으며, 사업을 하려는 의지가 넘치고 있었다. 그들은 일단 사업에 필요한 모든 절차나 자금 마련을 변 사장에게 위임했다.

사무실을 차린 변 사장은 우선 자금을 마련하기 위해 기술신용보증기금을 찾아갔다. 사업자금으로 5천만 원짜리 보증서를 신청하자 담당 직원이 그에게 집문서를 가져오라고 하였다. 당시 서울에서 하숙 신세를 면치 못하고 있던 변 사장이 사실대로 말하자 직원은 변 사장을 학생으로 보았는지 "하숙을 하는 학생이 보증을 받으러 오는 것은 처음입니다"라고 말하였다.

어렵사리 창업자금을 확보한 변 사장은 그때부터 기술 개발에 매달렸다.

두 번째 기회, 아날로그 시대에서 디지털 시대로의 전환 파악

변 사장은 처음 5년 동안 무작정 기술 개발에 매달렸다. 뚜렷한 목표가 있었던 것은 아니다. 그저 자신과 동료들의 기술로 개발할 수 있는 제품을 만들고자 했을 뿐이다. 그리하여 주로 공장 관련 용역 사업을 했고, 비디오 신호처리 등에 주력했다.

이때 변 사장은 시장을 읽을 생각은 하지 않고 무조건 제품만 개발했기 때문에 고난의 연속이었다.

그런 과정에 나온 개발제품이 'PC용 영상처리보드'였다.

제품 개발 이후 광고문을 작성하면서 마지막에 영상 위에 자막을 넣을 수 있는 기술이라는 것을 강조하였다. 그러자 의외로 반응이 좋았다.

이 제품이 나올 즈음 노래방 붐이 일었는데 노래방 영상에 가사를 띄우는 데에 이 기술이 사용되었다.

변 사장은 창업할 때부터 카메라에 들어오는 아날로그 신호를 디지털로 바꾸는 기술을 연구하고 있었다. 변 사장은 얼마 안 있어 아날로그 시대에서 디지털 시대로 전환할 것으로 예측하고 이런 시대가 주는 기회를 잡기로 마음먹었다. 드디어 디지털 가전을 새로운 사업 영역으로 결정한 것이다. 변 사장은 아날로그 기술에 기반을 둔 가전 사업이 디지털 기술과 결합하면서 커다란 변화가 올 것으로 예측했던 것이다.

실패의 쓰디쓴 맛을 보다

1990년도 후반, 변 사장은 아무도 예상하지 못한 기류를 감지하였다. 앞으로 디지털 시대가 올 것으로 예측한 변 사장은 셋톱박스의 기초가 되는 '가요 반주기' 사업을 시작했다.

사업을 시작한 초기에는 그럭저럭 돼갔다. 구매도 조금씩 이루어져서 그런대로 버틸 만했다. 그러나 그에게 뜻하지 않은 위기가 찾아왔다. 그것도 점차 찾아온 것이 아니라 단번에 태풍 같은 위기로 몰려왔다.

유럽 대형 방송사에 납품하기 위해서 이리 뛰고 저리 뛰어서 납품 단계에 들어갔는데 그 방송사가 다른 방송사에 넘어감으로써 그동안 준비했던 모든 것이 물거품이 되었다.

엎친 데 덮친 격으로 이탈리아와 남아프리카에 수출했던 제품들에 결함이 발견되어 반품이 밀려들었다. 그리하여 1997년도에는 수출을 한 건도 하지 못하는 불행을 맞았다.

설상가상으로 1997년에 해태전자가 도산했다. 당시 해태전자에 CD가

라오케를 납품하던 변 사장도 이제 문을 닫을 지경에 이르렀다. 해태전자는 해태그룹 소속으로 대기업이라 담보도 잡지 않고 납품을 했기에 변 사장은 240억 원이라는 막대한 돈을 한 푼도 건지지 못하게 되었다. 그와 함께 산책을 하던 최고재무책임자는 그에게 "이쯤에서 그만 사업을 접는 것이 좋겠습니다"라는 극단적인 말까지 하였다.

위기 뒤에 기회가 찾아오다

회사가 문을 닫을 지경이 되자 변 사장은 직원들 모두 제 갈 길을 가도록 하였다. 그리고 자신의 앞날도 생각했다. 변 사장은 회사에 취직하여 편한한 삶을 살 수도 있었다. 그러나 기업을 시작할 때 꿈꾸었던 구상을 꼭 실현하고 싶었다. 꿈을 포기할 수 없었다. 그래서 혼자서라도 해보려고 다음 날 아침 다시 사무실로 발길을 돌렸다.

그런데 그와 함께 사업을 시작했던 서울대 동기동문들은 변 사장 곁을 떠나지 않았다. 눈물을 머금고 주머니에 남아 있는 돈을 털어서 퇴직금을 주고 떠나라고 했는데, 다음 날 아침 그들이 하나씩 출근하는 것이었다. 깜짝 놀란 변 사장에게 그들은 오히려 위로를 하였다. 그리고 다시 제품을 만들자며 머리를 맞대었다. 그렇게 해서 신제품이 나왔고 그것은 회사의 재기를 알리는 신호탄이 되었다.

이것은 그들이 단순히 동기동창이라는 학연에서 비롯된 것이 아니었다. 그동안 변 사장이 보여준 신뢰와 열성이 반드시 재기할 것이라는 믿음을 주었기 때문이다.

제품은 비록 반품되고, 또 거래하던 대기업이 문을 닫아 어려움에 처했을지라도 그를 믿고 따르는 기술자들이 있는 한 변 사장에게는 희망이 있었다. 그 희망이 곧바로 날개를 펴기 시작했다.

그렇게 2개월이 지나자 변 사장과 함께 고락을 같이하기로 한 동료들과 함께 만든 신제품은 시장에서 대히트를 쳤다.

성장을 향한 기회로 삼다

신제품이 시장에서 날개 돋친 듯 팔려나가면서 1997년 매출이 142억 원을 기록하였다. 매년 사업이 번창하면서 2005년에는 매출이 5,000억 원을 돌파하였다. 변 사장은 이것으로 만족하지 않고 이 기회를 성장을 위한 발판으로 삼았다. 그는 효율성을 높이기 위하여 회사 내 시스템을 고치기 시작했다.

이 같은 변화를 통해 회사는 계속 발전을 이어갔다. 그리하여 2010년에는 매출이 1조 52억 원으로 껑충 뛰었다. 또한 전 세계 15개국에 법인과 지사를 두었으며, 폴란드에 자체적으로 제품을 생산하는 공장을 두었고, 80개 국에 셋톱박스를 수출하고 있다.

변 사장은 앞에서 소개한 NHN과 함께 소위 벤처기업 1세대로 연매출 1조를 돌파한 성공한 벤처 기업인으로 통한다.

변 사장은 목표가 강했다. 목표가 강하면 신념이 생기는 법이다.

변 사장은 휴맥스가 이처럼 성공을 거둘 수 있었던 원인을 동료들에게서 찾았다. "좋은 사람들이 어려움 속에서도 회사를 떠나지 않았기 때문"이라는 것이다.

'좋은 사람들'이 그의 곁을 떠나지 않은 것은 변 사장의 인품과 능력, 그리고 기회를 포착할 줄 아는 능력을 믿었기 때문이다.

기회 포착의 결과

오늘날 변 사장의 휴맥스는 방대한 기업으로 변신하였다.

신림동 변두리에서 시작한 사무실이 현재는 분당에 자체 건물을 소유하고 있으며, 직원 5~6명으로 시작한 사업이 지금 본사 직원만도 700여 명이 넘었다.

2011년 창립 22주년을 맞이한 휴맥스는 그해 1월 분당 본사에서 기념식을 갖고 '2015년 매출 2조 3천억 원 달성, 글로벌 TV셋톱박스 시장 3위 진입'이라는 새로운 목표를 정하였다. 또한 '현재를 뛰어넘는 디지털 기술을 창조하여 세계 시장을 기반으로 세계적 기업으로 성장한다'는 새 미션을 선포하였다.

변 사장은 눈부신 발전을 이루었으나 앞으로 더욱더 발전하기 위한 비전을 제시한 것이다.

경영철학

변 사장은 우선 경영자에게는 경영에 대한 지식은 물론 자기계발이 필요하다고 역설한다. 오늘날 많은 기업, 특히 벤처 기업들이 오래 버티지 못하고 빨리 망하는 것은 경영자들이 경영지식을 공부하지 않고 사업에 뛰어들기 때문이라고 했다. 그 자신도 경영에 대한 지식을 넓히기 해서 많은 노력을 기울이고 있다고 한다.

이것은 많은 경영자가 공감하는 부분이다. 오늘날 CEO의 94퍼센트가 자기계발을 통하여 경영 관련 지식을 얻기를 원하고 있는 것으로 나타났다.

경영 활동에 관련해 CEO들은 주로 경영트렌드, 이슈 관련 정보를 추구하고 있다.

두 번째로, 꾸준한 전략적 혁신 방안의 실천을 강조한다. 오늘날처럼 변화가 많은 세상에서 기업들이 전략적으로 혁신 방안을 찾지 않으면 언제 도태될지 모른다는 것이 그의 경영철학이다.

기업문화를 발전시킬 방안을 마련하여 실천하는 요소로 자기 브랜드 개발, 해외 현장 확인, 틈새시장 공략을 들었다.

마지막으로, 좋은 경영자란 좋은 의사와 같다고 했다. 즉, 좋은 경영자란 경영에 대한 지식도 풍부하고 경험이 많은 경영자를 말한다.

변대규 사장의 기회 포착

목표를 분명히 세워라.

변 사장에게는 사업을 하겠다는 확고한 목표가 있었다. 비록 자본금
이 없어도 뜻이 있으면 길은 열리는 법이다.

좋은 사람들과 함께하라.

변 사장이 성공할 수 있었던 이유는 그의 말대로 좋은 사람들이 함께
했기 때문이다. 사업은 혼자 할 수 없는 법이다.

평소 신뢰를 얻어라.

신뢰는 어려운 일을 만났을 때 더욱 빛나는 법이다. 만약 변 사장이
신뢰를 얻지 못했다면 주변 사람들은 가지 말라고 애원을 해도 떠났
을 것이다.

기회를 잡는 능력을 키워라.

변 사장은 앞을 내다보는 통찰력이 있었다. 그러기에 곧 디지털 시대
가 온다는 것을 예상하고 그에 맞는 기술력을 키울 수 있었다.

안주하지 말고 성장의 기회로 활용하라.

변 사장은 회사가 발전의 기회를 잡자 거기서 만족하지 않고 성장의
기회로 삼아 효율성을 높이기 위해 회사 내 시스템을 고쳤다.

PART 13

자기계발

"이제는 정직하지 않으면 못 번다."

심갑보
前 삼익THK 대표이사 부회장,
現 상임고문

철저한
자기관리를
추구하라

'지방대 출신'이라는 열등감 극복을 위해 노력하다

심갑보 전 부회장은 영남대학교 정치학과 재학 중 학도병으로 입대하
여 제대한 지 3년 만에 정치인에서 정치학자로 궤도를 수정했다. 제대
직후에는 모교 대학원에 진학하여 정치학을 공부했고, 졸업 후 1년간
강단에 서기도 했다.

그러나 부친의 급작스러운 사망으로 가업이었던 토건회사에 몸담게
되었다. 1년 만에 토목기사자격증을 따낸 그는 1970년 장인이 세운
삼익공업으로 옮겼고, 부회장을 거쳐 현재까지 상임고문으로 일하고
있다.

그는 입사 초기에 지방대학 출신으로 실력이 없으면 발붙이기 힘들

다는 생각에 열심히 자기계발에 힘썼다. 그는 서울에서 노사관계로 활동하는 경영인 중에서 유일한 지방대 출신이었다. 그는 지방대 출신도 열심히 하면 인정받을 수 있음을 보여주고 싶었다고 한다.

투명경영으로 노사분규를 해결하다

심 전 부회장이 합류한 1970년 당시 삼익공업은 연간 매출액이 1억 원 미만이었으나 2008년 1,620억 원으로 비약적인 성장을 하였다.

1960년 회사가 설립된 이후 노사분규로 조업을 중단한 일이 한 번도 없다. 이것은 노사관계의 원만한 관계를 위해 그가 정보를 종업원들과 공유했기 때문이다.

심 전 부회장은 투명경영으로 회사가 어려우면 어려운 대로, 직원들을 설득했다. 삼익공업은 심 전 부회장 덕분에 우리나라에 노사위원회가 생기기 10년 전부터 노사위원회가 구성되어 있었다. 그 덕분에 직원들의 불만이 쌓이는 것을 차단할 수 있었던 것이다.

경영자의 자기계발

자기계발의 달인으로 통하는 심 전 부회장이 1970년대 초 경영대학원에 다닐 때의 일이다. 맨 앞자리에 앉은 심 전 부회장이 강의를 녹음하기 위해 녹음기를 들이대자 교수들이 당황했다. 그러자 심 전 부회장은 "정치학도가 경영을 공부하려니 만만치 않아서 그러니 이해해주십시오"라고 정중하게 말했다고 한다. 그만큼 그는 자기계발에 열중했다.

심 전 부회장은 CEO는 무엇보다도 자기관리가 중요하다고 말한다.

CEO로서 해야 할 자기관리로는 네 가지를 꼽았다. 건강관리, 시간관리, 금전관리, 정보관리다. 이 네 가지 중에서 지식정보 사회에서는 무엇보다 정보관리가 중요하다고 심 전 부회장은 힘주어 말한다.

심 전 부회장은 연말이면 지인들에게 이메일을 보낸다. 이메일의 주제는 해마다 다르다. 2009년에는 스웨덴의 성을 주제로 사진과 함께 보냈다고 한다.

강연 참석으로 자기계발에 힘쓰다

심 전 부회장이 자기계발을 위해 지난 30년간 강연에 참석한 강연 횟수는 5,000회가 넘는다. 심 전 부회장은 강연에 갈 때마다 맨 앞에 앉아서 녹음 테이프에 강연 내용을 담아 집에 와서 다시 듣는다.

처음에는 정치학을 배운 사람이 경영에 참여하기 때문에 경영에 대한 강연을 많이 들으면서 부족한 지식을 채우려는 의도였다. 그 후에는 오로지 자기계발을 위해서 유명 교수나 학자들의 강연을 들으면서 자기계발에 힘썼다. 그런 노력 끝에 오늘날 그가 있는 것이다.

경영철학

포브스코리아가 우리나라 CEO를 상대로 조사한 바에 의하면 CEO 중

80퍼센트가 경영철학으로 정도경영을 꼽는다. 심 전 부회장 역시 자신의 경영철학을 '정도경영'으로 꼽았다. 그는 정도경영의 이유로 이렇게 말한다.

"이제 정직하지 않으면 돈을 못 법니다."

그러면서 그는 단적으로 비자금 없이도 얼마든지 기업을 운영할 수 있다고 말한다. 이제는 비자금을 직원 모르게 모을 수가 없다고 한다. 왜냐하면 비밀은 안에서 새게 마련이기 때문이다. 따라서 문제가 터지고 나서야 적이 안에 있다는 것을 깨닫는다면 이미 때는 늦는다고 한다. 비자금 없이 회사 경영하기가 쉽지는 않지만 비자금은 결국 회사를 망친다고 말한다.

심 전 부회장의 정도경영을 단적으로 표현한 말이다.

심갑보 전 부회장의 자기계발

CEO가 되기 위해서는 무엇보다도 자기계발이 중요하다.
자기계발의 방법은 각자 취향에 따라 다를 수 있다. 심 전 부회장처럼 강연을 듣는 일일 수도 있고, 독서일 수도 있다.

자신의 약점과 부족한 점을 먼저 파악하고 극복하기 위해 노력하면 어떤 것도 이겨나갈 수 있다.
오늘날 지방대학 출신이라고 해서 열등감을 가질 필요는 없다.

CEO일수록 자기관리를 철저하게 해야 한다.
심 전 부회장은 건강관리, 시간관리, 금전관리, 정보관리 네 가지 관리를 권하였다.

직원들과 정보를 공유한다.
노사위원회를 구성하여 직원들의 불만을 해소하고 격의 없는 대화를 통해 정보를 공유했다.

PART 14

겸손

"행복한 회사의 조건은 존경할 만한 사람과 함께 일하면서
자기도 존경받는 것이라고 답하는 회사원들이 많은 회사다."

박진선
샘표식품 대표이사 사장

직원이 행복하게
일할 수 있는
조직을 만들다

철학박사, 좋은 회사를 꿈꾸다

박진선 샘표식품 사장은 철학박사다. 서울대학교 전자공학과를 나온
그는 미국 스탠퍼드대학원교에서 전자공학 석사학위를 받고, 오하이오
주립대학에서 철학 박사학위를 받았다. 귀국하여 선친으로부터 샘표
를 인수받아 오늘날까지 사령탑으로 일하고 있다.

박 사장이 닮고 싶고, 이상으로 꿈꾸는 회사는 3M 회사, 즉 기업이미
지가 좋은 회사, 꾸준히 성장하는 회사 그리고 신제품을 만들어내는 회
사다. 그런데 재미있는 것은 그런 회사 대부분 CEO가 누구인지 잘 모
른다는 것이다. 왜냐하면 그런 회사의 CEO는 나서서 잘난 척하는 일
이 없기 때문이다. 일하는 게 즐거운 회사, 함께 일하는 게 즐거운 동료

로 가득한 회사가 자신이 꿈꾸는 회사라고 한다. 박 사장은 샘표식품을 그런 회사로 만들기 위해서 지금도 꾸준히 노력하고 있다.

인재관

박 사장이 꼽는 샘표의 인재상은 겸손하고 사심이 없으며 열심히 일하는 인재며, 또한 능력도 있어야 한다.

보통 기업들은 능력을 우선시하지만 박 사장은 능력을 맨 마지막 조건으로 제시한 점이 특이하다고 할 수 있다.

사심이 없는 사람을 판별하는 방법이란 무엇일까? 그는 "맡은 일 그 자체의 성과보다 그 일의 수혜자가 누구인지에 더 관심이 많은 사람은 합리적으로 의심해볼만 하다"고 말한다.

기업관

박 사장이 생각하는 기업은 사람이 사는 회사다. 그는 모름지기 직원들이 직장에서 행복해야 진정으로 행복하기 때문에 직장에서 행복을 느끼게 하는 것이 회사의 임무라고 말한다.

그 이유로 한국 사회는 가정보다 직장에서 더 많은 시간을 보내기 때문에 직장이 행복해야 진정으로 행복을 느끼게 된다는 것이다.

기업의 구성원들이 행복한 회사는 존경할 만한 사람들과 같이 일하면서 자신도 존경받는 회사다.

그런데 존중받기도, 존중하기도 쉽지 않은 현실에서 존경하는 사람들과 함께 일하는 사람이 얼마나 될 것인가? 그런 회사를 가꾸기 위해서 박 사장은 회사라는 버스에 사람들을 채워 목표를 향해 가다가 존경받을 수 없는 사람은 하차시키고 존경받을 수 있는 사람만 태워 함께 가는 것이라고 말하였다. 그렇다고 회사가 존경받을 수 없는 사람을 강제로 퇴출시키는 것이 아니라 이런 기업문화에 맞지 않는 사람들은 인정받지 못하고 승진도 되지 않으니, 저절로 떠나게 되어 있다고 한다.

장수 비결은 사심 없는 경영

박 사장은 오너 3세다. 그의 조부 박규회 회장이 삼시장유양조장을 인수하여 세운 회사로, 부친인 박승복 회장이 키워 그에게 넘겼다.

그의 할아버지가 30년, 아버지가 21년 경영을 했고, 박 사장은 미국 유학을 마치고 돌아와서 현재까지 14년째 회사를 맡아서 운영하고 있다.

샘표라는 상표는 현존하는 최고의 브랜드다. 박 사장은 간장업계 부동의 1위를 하는 장수 비결로 전임자들의 경영철학을 꼽았다.

성품이 곧고 성실한 그의 조부와 부친은 돈에 대한 욕심이 없었으므로, 비자금도 일체 조성하지 않은 투명경영을 했다. 다른 기업들처럼 정치권에 기웃거리거나 비자금을 뿌렸다면 재벌 기업이 되었을지도 모른다. 그의 조부나 선친이 그렇게 하지 않은 이유는 기업관이 달랐기 때문이다. 한마디로 기업을 바라보는 관점이 달랐기 때문에 다른 길을 걸어온 것이다.

마케팅을 위해 철학을 공부하다

박 사장이 미국에서 공부하던 중 전공을 바꾸자 그의 선친은 회사를 인계할 마음이 없는 게 아닌가 하는 염려를 했으나 그는 오로지 마케팅을 하기 위해서 철학을 공부하였다고 한다.

그가 귀국하여 회사를 맡았을 당시 샘표식품은 아예 마케팅을 하지 않았다. 오로지 제품만 만드는 회사로, 만들어놓으면 그저 소비자들이 구매해가는 정도였다. 그러나 그는 회사를 맡자 본격적으로 마케팅을 시작했다.

벌이는 족족 성공하면 사업이 아니다

2008년부터 샘표식품은 박 사장의 주도로 중국 시장에 진입하여 새로운 시장 개척에 활기를 불어넣고 있다.

박 사장은, 거대 시장인 중국은 한국문화에 대한 수용도가 높기 때문에 성공할 수 있다고 말한다. 우리 식품이 세계 시장 경쟁력이 있을까에 대한 의문에 대해서 박사장은 미국에 처음에 진출할 당시의 경험을 들면서 이렇게 말했다.

"처음 '코리안'으로 식당을 개업했을 때 몇 년간 죽쒔지만 이름을 '하와이언'으로 하고 새 단장을 하자, 메뉴는 똑같았음에도 고객이 두 배나 급증했습니다. 따라서 중국에서도 그와 같은 방법으로 접근하면 성공할 것입니다."

박 사장은 새로운 사업의 성공 불투명성에 대해서 이렇게 말한다.

"벌이는 사업마다 족족 성공하면 그것은 사업이 아닙니다. 전망이 불투명하지 않은 사업은 이 세상에 없지요."

실패를 두려워하지 않는 도전정신을 나타낸 것이다.

경영철학

박 사장의 경영철학은 직원들이 행복하게 일할 수 있는 조직을 만드는 것이다.

그는 기업의 구성원들이 행복한 회사의 조건에 대해서는 "존경할 만한 사람과 함께 일하면서 자기도 존경받는 것이라고 답하는 회사원들이 많은 회사"라고 했다.

오늘날처럼 존중하기도 존중받기도 쉽지 않은 세상에서, 특히 존경은커녕 사회의 조롱거리로 전락하는 회사가 많은 현실에서, 그런 조직을 만드는 것이 쉽지는 않다. 그러나 박 사장은 그런 회사를 만드는 방법으로 "그런 사람들을 회사가 뽑아서 그런 목표를 향해서 함께 버스를 타고 가는 것"이라고 말하였다. 그렇게 가는 도중에 철학이 맞지 않으면 중도에 버스에서 내리게 되고, 목표와 철학을 함께 공유한 사람은 끝까지 함께 가는 것이라고 말하였다.

박진선 사장의 겸손

기업관이 뚜렷하다.

회사와 기업에 대한 분명한 가치관이 바르게 확립되어 있어야 한다.

자신이 추구하는 목표가 분명해야 한다.

자신이 하는 일에 대해서 무엇 때문에 하는지 분명하게 알아야 한다.

팀장이나 간부로서 존경받고 있는지, 함께 일하는 것을 즐거워하는지를 생각해 볼 필요가 있다.

자신이 존경받지 못하고 있다면 그 원인이 무엇인지를 빨리 파악하여 고치도록 노력해야 한다.

사업은 실패할 수도 있다.

실패를 두려워하지 말고 도전하라. 도전하는 자만이 성공할 수 있다.

PART 15

디자인

"사람을 이해하고 심지어 사랑할 때 비로소 그 사람이 원하는 것을 형상화할 수 있다."

김영세
이노디자인 대표

디자인으로
미리 체험하는
미래

미래에 미리 가본다

김영세 대표의 좌우명은 '미래에 미리 가본다'는 것이다. 현실에서는 불가능한 일이지만, 스스로 미래에 왔다고 상상하면서 미래의 디자인을 현실로 가져오는 것이다.

경기고등학교를 졸업한 김 대표는 부모의 반대를 무릅쓰고 서울대학교 응용미술학과에 입학했다. 졸업 후 미국으로 건너가 일리노이대학교 대학원 산업디자인과를 수료한 후 1979년 미국 뒤퐁사의 디자인컨설팅을 거쳐 오늘날 이노디자인 대표를 맡고 있다.

김 대표는 중학교 3학년 때 디자인과 운명적으로 만났다. 그림에 소질이 있던 그는 방과 후 단짝 친구 집에 놀러갔다가 친구의 형 방에서

〈인더스트리얼디자인(*Industrial Design*)〉이라는 잡지를 보게 되었다. 잡지에는 가정용품, 조명기구, 재떨이 등, 온갖 생활용품들이 들어 있었다. 그 순간 '생각을 그리는 일, 즉 디자인'이 그의 마음속에 들어왔다.

고등학교 때 세계적 디자인 멘토인 빅터 파파넥 교수의 『디자인 포 더 리얼 월드(*Design for the Real World*)』라는 책을 감명 깊게 읽고선 디자이너가 되기로 마음먹었다. 그는 서울대학교 미대 졸업 후 미국 유학길에 올라 로스앤젤레스 공항에 내리면서 반드시 귀국하여 고국에 디자인의 나무를 심겠다고 다짐했다.

제품 기획은 디자이너가 결정한다

1999년 호주 시드니에서 열린 월드 디자인 컨퍼런스에 참석한 김 대표는 '디자인 퍼스트'라는 이론을 발표하면서 앞으로 제품 기획은 클라이언트가 아니라 디자이너가 주도할 것이라고 선언하였다. 과거에는 제조업체가 디자이너에게 제품의 사양을 건넸고, 디자이너는 주문대로 그리기만 했다. 제조업체가 만든 물건에 대해 디자이너가 외피를 입혀온 것은 산업혁명 이후 관행이었으나 이런 관행을 이노디자인 김 대표가 바꾸어놓은 것이다.

이노디자인을 찾는 제조업체는 이제 자신들이 원하는 것이 아닌, 사람들이 원하는 것을 디자인해달라고 요청한다. 디자인은 사람을 위한 것이라는 김 대표는 "사람을 이해하고 심지어 사랑할 때 그 사람이 원하는 것을 형상화할 수 있다"고 말한다.

다시 말하면 사람을 사랑하지 않고서는 사람들이 원하는 디자인이 불가능하다는 것이다.

디자인경영이란 무엇인가?

김 대표는 "디자인이 우리의 미래이고, 브랜드가 최고의 경쟁력"이라고 말한다. 디자인을 중시하면 고객만족도를 높일 수 있고, 그 자체가 미래의 가치를 높이는 길이라는 것이다.

기업이 디자인을 통해 가치를 높이는 방법을 김 대표는 다음과 같이 제시했다.

> 첫째, CEO를 비롯해 전사적으로 디자인의 중요성을 인식하는 것이다.
> 둘째, 좋은 디자인을 채택하는 것이다.

김 대표에 의하면 디자인경영이란 CEO가 디자인을 배우고 아는 것이 아니라 디자인을 잘하는 사람을 찾아내는 것이다. 소비자는 디자인을 마음대로 고르지만, 제조자로서 소비자들이 원하는 디자인을 고르기란 만만치 않다. 소비자는 자신이 선택한 디자인에 대해서는 최고의 안목을 가진 사람들이다. 따라서 디자인을 전문가에게 맡기는 것이 디자인경영이라는 것이다.

디자인관

좋은 디자인의 세 가지 요소는 심미성, 경제성, 편의성이다.

즉, 좋은 디자인은 보기 좋아야 하고, 쓰기가 편해야 할뿐더러 만들기도 쉬워야 한다.

디자인의 최종 목표는 이윤창출이라고 김 대표는 말한다. 보기 좋고 쓰기도 편한데 가격이 너무 비싸서 많이 안 팔린다면 그것은 좋은 디자인이 아니다. 안 팔리는 디자인은 성공할 수 없다.

편의성의 비중도 경제성 못지 않다. 과거에는 보기만 좋아도 사용했지만, 지금은 그렇지 않다. 요즈음 사람들은 쓰기가 불편하면 보기가 좋아도 싫어한다. 그래서 보기 좋은 디자인을 채용한 제품이 쓰기도 편리해야 대박이 나온다는 것이다.

좋은 디자인은 큰돈을 움직인다. 수십조 원이 왔다 갔다 한다. 좋은 디자인 덕에 회사가 잘되고, 고용이 창출되고, 무엇보다도 이용하는 사람들이 행복해진다. 디자인 강국이야말로 선진국으로 가는 길이라고 그는 역설한다.

대박을 치다

이노디자인이 디자인한 아이리버 펜던트 MP3는 150만 개가량 팔렸다.

이렇게 대박을 친 디자인은 김 대표의 머리에서 나왔다. 김 대표가 미국 실리콘밸리에서 활동할 때의 일이다. 서울에 출장 온 그는 압구정동 커피숍에 앉아서 지나가는 젊은 세대를 관찰했다. 멋지게 차려입은 사람들이 하나같이 검은색의 못생긴 MP3플레이어를 사용하고 있었다. '목걸이형으로 디자인하여 거기에 이어폰 줄을 집어넣으면 좋겠다'는 생각을 한 김 대표는 냅킨을 펼쳐 스케치를 시작했다. 세계 최초로 목걸이형 MP3가 탄생하는 순간이었다.

이노디자인은 2007년 여름 대덕연구개발특구에 디-스튜디오를 열었다. 대덕특구의 기업과 연구소에 제품 기획, 디자인 개발, 마케팅 지원을 원스톱으로 서비스하는 토털 디자인센터다.

꿈

김 대표의 꿈은 '이노'라는 브랜드를 세상에 남기는 것이다. 100년 장수 브랜드 샤넬처럼 말이다. 그래서 '이노GDN'이라는 회사를 별도로 설립했다. 최초의 디자이너 디지털 브랜드인 '이노'를 마케팅하는 회사다. 이노디자인은 MP3플레이어, 가정용 전화기, 마우스 등 자체적으로 개발된 제품을 OEM방식으로 생산한다. 김 대표는 '이노'라는 이름을 남기기 위해 '디자인 바이 이노(Design by Ino)'의 부가가치를 높이는 데에 힘쓰고 있다.

경영철학

기업은 경영자의 높은 목표와 경영이념이 없으면 성장과 발전을 기대할 수 없다. 특히 오늘날 많은 벤처 기업이 빨리 사라지는 이유는 CEO들에게 목표와 비전이 없기 때문이다.

김 대표는 기업을 세울 때부터 확고한 목표와 비전을 갖고 있었다.
'이노'를 세계적인 브랜드로 만드는 것이었다. 디자인 가치에 대한 확
고한 신념이 그의 경영목표이며 경영철학이다.

김 대표의 또 다른 경영철학은 과학적인 경영의 지향이다. 과학적인
경영은 미국 기업들의 대표적인 방식으로 자신이 앞으로 운영하고자
하는 분야의 전문학교에 입학하여 공부하는 것이다. 전문 분야를 공
부함으로써 그 분야에 대한 지식을 넓히는 동시에 제1인자가 되는
것이다. 그런 과정을 통해 경영에서 일어나는 리스크를 줄일 수 있게
되는 것이다.

김영세 대표의 디자인경영

디자인은 전문가에게 맡겨라.

CEO가 디자인에 대한 안목이 있어야 하는 건 아니다. CEO의 안목
이 중요하다고 생각하는 것은 잘못된 생각이다.

디자인 감각이란 균형 감각이다.

심미성, 편의성, 경제성을 적절히 조합하는 비즈니스 감각이다.

디자인과 브랜드는 성공하는 CEO의 두 가지 화두다.

이 두 가지는 상호의존적이다. 좋은 디자인을 통해서 좋은 브랜드가
창출된다.

기업을 세울 때부터 확고한 목표와 비전을 가져라.

벤처 기업들이 빨리 망하는 이유는 CEO가 확고한 목표와 비전 없이
행운을 바라보고 시작했기 때문이다.

PART 16

소통

"커뮤니케이션 능력은 어느 정도 타고난 것 같다. 외국 사람의 긴 이름도 잘 기억한다."

채은미
페덱스코리아 사장

여성 인력이
국가의
경쟁력이다

직원들과 소통하다

채은미 사장은 페덱스코리아의 첫 현지인 지사장이다. 페덱스가 한국
에 지사를 설립한 지 17년 만의 일이다. 고객관리부, 지상운영부 등을
거쳐 2006년 사장이 되기 전 페덱스 북태평양 지역 인사관리 총괄상무
로 일했다. 이때 대만, 일본, 한국, 괌, 사이판에서 근무하는 3,000명의
페덱스 인사를 관리했다.

북태평양 지역 인사관리 상무로서 채 사장이 이룬 훌륭한 업적은 직
원들과의 소통이었다. 그가 도입한 직원 대상 개인 컨설팅 프로그램은
효과가 좋아 일본, 대만 등으로 확산되었다. 이 프로그램은 경제적 어
려움, 결혼생활 등 문제가 있는 직원들을 대상으로 회사가 경비를 지급

하는 프로그램이다.

페덱스는 국제 특송 회사라 국가 간 소통을 중시한다. 그로 인해 쌍방 소통을 중시하는 기업문화가 발전되었다.

채 사장은 중간 관리를 빼고 현장에서 일하는 직원들을 직접 만나 보면 업무 현황은 물론 일선 직원들의 애로와 고충을 알 수 있다고 말한다. 그래서 그녀는 현장을 중시한다.

소통 방법

채 사장은 명함을 받으면 귀가하여 그날 중으로 명함 여백에 만난 날과 용건을 반드시 정리한다. 이때 한 번 더 보는 것이 상대방을 기억하는 데 도움이 된다고 한다.

채 사장은 바쁜 와중에도 이메일로 소통을 한다. 직원들이 채 사장에게 "사장님은 나의 멘토입니다"라는 메일을 보내기도 한다. "저 지나가다가 사장님을 봤어요" 하는 메일을 받는 일은 이제 흔한 일이 되었다고 한다. 그만큼 그가 직원들과의 소통이 원활하다는 의미다.

채 사장은 소통 능력을 키우기 위해 〈오프라 윈프리 쇼〉를 애청했다고 한다. 그 쇼를 보면서 사람을 어떻게 배려하는가를 배우게 되었다고 한다.

일과 가정에서 모두 성공하다

채 사장은 일과 가정을 양립시킨 알파우먼이다. 가정과 일에서 성공한 여성보다 실패한 여성이 더 많은 현실에서 채 사장은 모두 성공한 여성 중에 한 명이다. 채 사장은 성공적으로 회사 일과 가사, 그리고 육아를 병행했다.

일 잘하는 후배들이 가사 문제로 회사를 떠날 때마다 아쉽다고 한다. 그는 결혼이 여성 인력의 사회 진출에 걸림돌이 되어서는 안 된다고 말한다.

"여성 인력은 우리나라의 국가 경쟁력입니다. 우수한 여성 인력이 사장되는 것은 국가적으로도 손실입니다. 결혼한 여성들도 초심을 잃지 말아야 합니다. 남편이 번다고 회사가 우선순위에서 밀려나서는 안 됩니다. 회사에서 근무하는 여성들이 집에 전화를 걸어서 아이의 안부를 묻는 것을 보면 참으로 안타깝습니다. 회사에 있을 때는 회사에 충실해야 합니다."

이런 마인드가 그녀의 성공 요인이기도 하다.

여성 리더십의 장점

여성 리더십의 장점은 세심한 배려라고 말한다. 여성은 상대방의 입장에서 생각하는 경향이 있다는 것이 채 사장의 생각이다. 섬세함이 요구되는 일에서는 여성이 훨씬 더 유리함은 두말할 필요가 없다. 한국의 여성은 잠재력이 많은데 자신에 대한 자신감과 용기가 부족해서 지레 포기한다고 한다.

아침형 인간이 좋다

채 사장은 아침형 인간이다. 채 사장에게 아침 두 시간은 오후 네 시간과 맞먹는 가치가 있다. 그래서 채 사장은 하루 일과 중 가장 중요한 일은 보통 아침에 처리한다.

채 사장은 새벽 5시와 5시 반 사이에 종합지, 경제지 그리고 영자신문까지 챙겨 읽은 후에 한 시간 가량 영어 공부를 하고 나서 출근한다. 정해진 출근 시간보다는 좀 이르지만, 아시아태평양 본부가 있는 홍콩보다는 두 시간 이르다. 채 사장은 두 시간 먼저 일을 시작하는 셈이다.

채사장은 직장생활을 시작한 이후 20년 동안 긴급한 일이나 중요한 일은 오전에 처리하는 습관을 계속해왔다. 특별한 일이 없으면 저녁 7시에 퇴근하여 가족들과 함께 저녁 식사를 한다. 이 리듬을 유지하기 위하여 채 사장은 어떤 일이 있어도 밤 11시와 12시 사이에 잠자리에 든다고 한다.

자신이 하는 분야에서 1인자가 되는 것

채 사장의 꿈은 항공 특송 분야에서 1인자가 되는 것이다. 그녀가 이끄는 페덱스코리아는 매년 두 자리 성장을 이어가고 있다. 한국인으로, 또 여성으로 첫 페덱스 북태평양 지역 인사관리 담당 상무이사, 외국계 특송업체 한국인 지사장 등을 맡고 있는 그녀는 오늘도 꿈을 향해 계속

달려나간다.

경영철학

독실한 기독교인인 채 사장은 기독교 정신을 경영에 접목하여 직원들에게 많은 관심과 애정을 보인다.

　채 사장은 소통을 무엇보다도 중시한다. 말단 직원에서부터 중간 간부에 이르기까지 사심 없는 대화를 나눔으로써 직원들이 안고 있는 문제들을 해결하여 신뢰를 얻는다.

　채 사장은 회사 일과 가정 일의 균형을 맞춘다. 직장과 가정에서 다 잘할 때 여성은 빛난다고 말한다.

채은미 사장의 라이프스타일

중요한 일은 오전에 처리한다.

아침 두 시간은 오후 네 시간과 맞먹는 가치가 있으므로 중요한 일은
오전에 처리한다.

자기계발을 꾸준히 하라.

매일 30분씩 자기계발에 힘쓴다. 영어가 부족하면 영어 공부를 하듯
자신이 부족한 분야를 공부하는 것이 좋다.

내 안의 열정을 깨워라.

일이든 공부든 열정을 다해 꾸준히 해야 한다. 남보다 잘해야 성공의
기회를 잡을 수 있다.

회사 일과 가정 일 중 어느 하나도 소홀해서는 여성으로서 성공할 수 없다.

두 가지 모두 구분해서 열정을 다해야 한다. 회사 일을 할 때는 회사
일만 생각해야 한다.

PART 17

인력관리

"인력관리는 1년 내내 지속적으로 해야 한다.
그런데 우리나라는 주총을 전후해 일회성으로 끝나고 만다."

강석진
CEO컨설팅그룹 회장,
한국전문경영인협회 이사장

끊임없는
인재 개발이
중요하다

잭 웰치로부터 인재 개발을 배우다

강석진 회장은 1981년부터 21년간 GE코리아의 CEO로 일했다. 이 기간 동안 GE코리아의 매출은 200배 성장했다. GE코리아를 맡으면서 그는 한국 산업의 동향과 GE의 장점을 접목시키는 플랜을 짰다. 자본투자, 기술협력, 주문자부착생산방식 등 전략적 제휴의 모델을 제시했다.

강 회장은 GE코리아에 근무하면서 무엇보다도 인력관리, 리더십 개발, 조직관리를 배웠다.

강 회장은 "잭 웰치는 CEO로서 자기 시간의 60~70퍼센트를 인재 발굴, 리더십 개발 등 사람과 조직을 관리하는 데 썼다"고 말한다.

1990년대 초반, 잭 웰치가 이런 말을 하였다.

"GE는 지금부터 사람의 손발을 부리는 조직에서 사람들의 두뇌와 아이디어를 활용하는 조직으로 바뀌어야 한다."

이때부터 GE는 구성원의 인격과 아이디어를 존중해주는 조직으로 거듭났다. 기업의 가장 중요한 자산은 사람이다. 모든 아이디어가 사람으로부터 나오기 때문이다.

부재경영을 하다

강 회장은 GE코리아 경영자 시절, 여름이면 20일에서 한 달 동안 휴가를 갔다. 티베트나 실크로드처럼 아예 연락이 닿지 않는 곳으로 떠난다. 그는 가기 전에 인사를 뺀 모든 권한과 책임을 위임하는 문서를 작성한다. 물론 위임을 받은 사람들은 그의 후계자가 될 가능성이 있는 임원들이다. 이렇게 위임하고 부재경영을 할 수 있었던 것은 사람이 움직이는 회사가 아니라 조직이 움직이는 회사로 만들었기에 가능했다고 그는 말한다.

강 회장이 부재경영이라고 부르는 이 리더십 장기 위임방식은 잭 웰치 회장도 리더를 키우는 좋은 방법이라고 칭찬하였다고 한다.

강 회장은 자신만 그렇게 하는 것이 아니라 오너를 비롯해 CEO에게 이런 장기 휴가를 권하기도 했다. 업무보고도 일절 안 받고 두 달 비어놓았다가 돌아왔을 때 회사가 잘 돌아가고 있다면 위임받은 사람이 제대로 하고 있음을 알 수 있다는 것이다.

강 회장의 CEO관

정상적인 회사의 운영은 CEO가 아니라 회사 구성원 모두의 몫이다. 강 회장에 따르면, 회사가 성장하도록 모델을 만들고 비전을 제시하는 것이 바로 CEO의 역할이다.

경영자는 현장뿐만 아니라 업계 전반의 움직임과 세계 시장의 흐름을 알아야 한다. 그러기 위해서는 헬리콥터에서 바라보는 방법이 필요하다고 했다. 보잉 707 같은 비행기에서 아래를 내려다보면 조망은 좋지만, 산과 들은 볼 수 없다. 반면 땅 위를 걸으면 멀리는 볼 수 없지만 내가 가는 길이 어디인지는 알 수 있다. 이 두 가지 방식을 융합하여 근경과 원경을 동시에 볼 수 있도록 한 것이 헬리콥터에서 내려다보는 방식이다.

우리나라 기업의 인재교육의 문제점

"인력관리는 1년 내내 지속해야 하는데, 우리나라 기업들은 연말연시나 주주총회 때 일회성으로 끝나고 만다. 그러고는 1년 동안 잊어버리고 만다."

강 회장의 말이다. 우리나라 기업의 인력관리 문제점 중 그는 인재개발이 연례행사로 전락한 것을 첫 번째로 꼽았다. 그러면서 GE의 잭 웰치의 인재 개발 시스템에 대해서 말했다.

GE의 인재관리 시스템을 세션 C라고 한다. 연초에 경영회의가 끝나면 사업부별로 인력관리가 시작된다. 직원들은 저마다 경력 계획서를 작성하여 상사에게 제출한다. 상사는 이것을 일일이 읽어보고 첨삭을

해 그 사람의 경력 개발 계획을 세운다. 그리고 나서 토의를 거쳐 서로 합의한 후 함께 사인을 한다. 이런 방식으로 한 부서의 세션 C가 완성된다. 그에 따라 연중 인력 개발이 시행된다. 강 회장은 25년 동안 몸담았던 GE코리아 지사장을 사임하고 현재 CEO컨설팅그룹 회장으로 재임하고 있다. GE를 떠난 지 10년 가까이 됐지만 그의 지갑 속에는 'GE 경영진의 가치관'이라는 조그마한 책자가 항상 들어 있다.

경영철학

첫째, 인력관리를 중시한다. 그리하여 인력 개발을 한시적으로 하지 않고 항상 실시하고 있다.

둘째, 부재경영이다. 장시간 사무실을 비워놓고 부하들에게 업무를 위임하여 부하의 능력을 테스트한다.

셋째, 사람을 한 번 믿으면 절대적으로 신임한다. 그리하여 모든 권한과 책임을 동시에 부여한다.

넷째, CEO의 역할에 대해서 투철한 사명감과 책임감을 느끼는 것이다. CEO가 해야 할 일과 하지 말아야 할 일을 분명하게 구분하여 자신이 할 일은 자신이 책임지고 해내지만, 임원들이 할 일에 대해서는 절대로 간섭하지 않는다.

강석진 회장의 인력관리

인재 개발은 연중 프로그램으로 시행한다.

전 직원으로 하여금 상사와 함께 경력 개발 프로그램을 짜도록 하여
연중 실시한다.

유능한 CHO(인사 담당 최고책임자)를 발굴한다.

유능한 인력관리 전문가를 인사 담당 최고책임자로 발탁하여 임기를
함께한다.

현지인도 글로벌 CEO로 채용한다.

인종을 가리지 않고 현지인을 핵심인사로 양성해 경영의 현지화를
실행한다.

PART 18

혁신

"가장 호황이고 좋을 때에 직원들에게
변화와 혁신을 하지 않으면 안 된다는 것을 메시지로 전하였다."

김광진
前 현대스위스저축은행 회장

잘나갈 때
경영을
혁신하라

혁신의 칼을 빼들다

2006년 11월 어느 날이었다. 서울 대치동 사무실로 출근한 현대스위스저축은행 직원들은 빌딩 1층 로비에 붙은 게시판을 보고 모두 아연실색했다. 그것은 인사 발령 고시문이었는데, 기획실 임직원 13명 모두의 해임을 알리는 것이었다. 게다가 더욱 충격적인 것은 부행장 격인 기획실장마저 해임되고 그 후임에 외부 사람이 발령된 것이었다. 그렇게 현대스위스저축은행의 혁신은 시작되었다.

김광진 전 회장은 기획실 전체 라인을 한날한시에 해임하고 외부에서 영입한 기획실장 대행에게 회사의 혁신을 위임했다. 그가 이처럼 과감한 인사를 단행한 것은 임직원들이 혁신을 반대한다는 이유에서였다.

이 사실이 알려지자 전 직원은 커다란 충격에 휩싸였다. 그도 그럴 것이 기획실이 없으면 회사가 돌아가지 않는다는 만류에도 불구하고 일시에 몰아냈으니 말이다. 이 사건을 계기로 그동안 꿈쩍 않던 1,000여 명의 직원들은 그의 혁신을 받아들여 발빠르게 움직이기 시작했다. 혁신의 필요성을 넘어서 당위성을 깨달았기 때문이다.

호황 속에 혁신을 생각하다

2006년은 제2금융권에게는 가장 호황이었고, 가장 돈을 많이 안겨준 해였다. 따라서 제2금융권은 활기에 차 있었다. 김 전 회장이 거느리고 있는 현대스위스저축은행 역시 전 직원들이 전성기를 맞아 온통 들떠 있었다.

그런데 그는 누구도 예상하지 못한 경영혁신을 생각하고 있었다. 호황 때 미래를 준비해야 한다고 판단했던 것이다. 회사가 성장하고 있을 때는 일이 많아서 직원들에게 교육을 제대로 시키지 못한다. 직원 교육이 성장을 따라가지 못한다면 자칫 미래를 준비할 수 없게 될 것이라고 판단한 그는 가장 호황이고 좋을 때 직원들에게 변화와 혁신의 메시지를 던졌다.

그러자 모두들 그의 생각에 반기를 들었다. 경영혁신을 하지 않아도 이렇게 잘 굴러갈 뿐만 아니라 전성기를 구가하고 있는데 경영혁신이라니, 도저히 이해하지 못한 것이다.

사람들은 누구나 좋을 때는 안주하고 싶어 한다. 그러나 그는 바로 이때 혁신을 통해 미래를 대비해야 한다고 생각했다. 임직원들이 교육을 받고 공부를 해야 한다고 판단했다. 또한 중대한 위기가 오기 전에 지점의 수도 줄이고, 영업조직을 확장하는 대신 내부적인 시스템을 다지기로 했다. 그는 전성기가 있으면 반드시 위기가 올 것이라고 내다본 것이다.

그의 경영혁신은 직속기관인 기획실에서부터 반대에 부딪혔다. 간부들 역시 결사 반대하였다. '경영혁신'이라고 하면 가장 먼저 기구 축소로 인한 인원 감축을 떠올리기 때문이었다. 어느 회사의 임직원이든 마찬가지지만, 임직원들은 기업의 미래보다는 자신의 안위를 생각하기 십상이다. 어쩌면 직원으로서는 당연한 생각일지도 모른다.

반대에 부닥친 경영혁신

그러자 김 전 회장은 임직원들의 이해를 구하기 위하여 합리적인 방법을 택했다. 먼저 기획실 직원들에게 혁신의 필요성을 인식시키기 위하여 2006년 8월 말 기획실 말단직원에서부터 경영진에 이르기까지 13명과 변화와 혁신을 주제로 토론을 벌인 것이다.

그의 예상대로 기획실 직원들 모두 하나같이 경영혁신은 시기상조라고 반발하였다. 경영에 문제가 없기 때문에 이렇게 성적이 좋은 때에 혁신은 필요없다는 논리였다. 오후 세 시부터 시작한 토의가 다음 날 날이 새도록 결론이 나지 않았다.

그는 최후의 수단으로 그해 10월 3일 전 직원을 대동하고 양평의

KBS 남한강수련원에서 전 사원 워크숍을 했다. 주제는 물론 혁신이었으며 '어떻게 어디서부터 혁신을 하느냐'로 2박 3일 동안 토론을 벌였다. 그러나 역시 합의점을 찾지 못했다.

그는 현재가 경영 혁신의 적기라는 인식을 심어주기 위해 여러 가지 방법을 동원하여 직원들의 자발적인 참여를 유도했으나 실패하고 말았다. 결국 그는 우선 자신의 분신이자 기업의 두뇌인 기획실에서부터 혁신을 전격적으로 단행했다. 자신의 오른팔격인 기획실을 먼저 혁신하지 않고는 다른 부서의 혁신이란 있을 수 없다고 판단했기 때문이다. 또한 현대스위스저축은행의 싱크탱크인 기획실을 혁신함으로써 회사 전 직원들의 사고를 혁신하겠다는 의지를 보인 것이다.

2단계의 혁신 프로젝트를 가동하다

김 전 회장의 경영혁신 프로젝트 중 1단계인 업무혁신 프로젝트는 2006년 10월에 시작했다. 일명 C-프로젝트였는데, 오너가 강력히 밀고 나가는데도 불구하고 적극적으로 합류하는 직원들이 많지 않았다. 직급이 높을수록 저항이 만만치 않았다. 그룹 CEO 중에서도 반대하는 사람이 있을 정도였다.

저항은 1년 정도 계속되었다. 그는 저항세력을 우군으로 만들지 않으면 경영혁신도 성공할 수 없다고 판단하고 소그룹 미팅을 수없이 열었다. 직급별, 부서별 간담회를 열고 변화와 혁신을 주제로 이야기했다. 그의 노력으로 회사 내에 변화와 혁신에 대한 공감대 형성을 어느 정도 이루는 데 성공했다.

2단계로 경영혁신 도구인 BSC(Balanced Score Card)를 도입하여 조직의 업무 몰입도를 높였다.

혁신의 프로그램 중 핵심은 교육이다

경영혁신을 이루고 얼마 지나지 않은 2008년, 김 전 회장의 예상대로 글로벌 금융위기가 닥쳤다. 많은 기업은 위기를 극복하기 위하여 지출을 줄이는 형편이었다. 그러나 다른 기업들과는 달리 그는 교육에 투자하는 돈을 다섯 배나 늘렸다. 그동안 반대에도 불구하고 경영혁신을 이룬 효과가 그때 잘 나타난 것이다.

부서장급 이상 임원들에게는 CEO 전문교육기관인 세계경영연구원 강사를 초빙해 교육을 실시했다. 한 달에 두 번, 전체 부서장급인 이사 60명은 예외 없이 경영지식을 공부하도록 했다. 그도 물론 참석하여 이 강의를 듣고 공부했다.

임직원들이 교육을 통해서 많은 지식을 배우고 익히자 그 열매가 생산성 향상과 조직의 변화로 나타나기 시작했다. 상사의 의식이 바뀌기 시작하자 뒤를 이어서 말단직원들도 변하기 시작했다.

변화란 남보다 먼저 앞서가기 위한 갈망이다. 이제 간부들이 스스로 솔선해서 먼저 앞서가려고 노력하기 시작했다. 직원들 역시 예전에는 규정에 의해서 움직였지만 지금은 교육에 의해서 움직이게 되었다. 커다란 변화가 생긴 것이다.

경영혁신은 2006년부터 2008년까지 3년간 성공적으로 진행됐다. 그리하여 2007년에는 기업혁신 대상 '국무총리상'을 수상했다. 그리고 2010년에는 '2010년 대한민국 글로벌 CEO 대상'을 받았다.

경영철학

첫째, 혁신경영이다.

호황일수록 최악의 상황을 대비하여 혁신을 강조하는 경영을 한다.

둘째, 소통경영이다.

어떤 일에서든 독단으로 결정하기보다는 임원들과 충분한 토의를 거친 후에 결정을 내린다.

셋째, 인재 교육을 중시한다.

1년에 몇 차례 외부 인사를 초청하여 전 직원으로 하여금 강연을 듣게 하고 밤을 새워 토의하도록 유도한다.

넷째, 결단을 신속하게 내리고 결정한 것은 강력하게 밀고 나간다.

결정하기까지 많은 토의와 대화를 나누지만 한 번 결정을 내리면 끝까지 밀고 나간다.

김광진 전 회장의 혁신

유비무환의 정신을 갖추어라.

김 전 회장은 회사가 잘나가고 영업실적이 오를 때 내일을 위해 개혁을 단행했다.

개혁을 하기 전 해당 부서와 날이 새도록 토론을 하여 합의점을 찾아 스스로 개혁하도록 하라.

김 전 회장은 현재가 개혁의 적기라고 생각하고 자신과 밀접한 관계가 있는 부서원으로부터 동의를 얻으려고 많은 노력을 기울였다.

합의점을 끌어내도록 토론을 하라.

김 전 회장은 전 사원들을 모아 워크숍을 열었다. 격의 없는 토론을 통해 문제점을 스스로 노출시켜 어떻게 해야 할 것인지 그 구체적 방법을 찾으려고 하였다.

경영혁신에서 모두가 공감대를 형성할 수 있는 목표를 제시하라.

김 전 회장은 경영혁신의 1단계로 변화에 대한 공감대 형성에 주력하였다.

교육을 통해 조직관리와 리더의 능력을 강화하라.

김 전 회장은 개혁의 하나로 교육에 집중했다. 부서장급(부장급) 인사
에게 경영 관련 지식을 쌓도록 하였다.

PART 19

노사관계

"사장이 노조에게 경영 상태를 이야기하는 것은
남편이 부인에게 직장 얘기를 하는 것과 같다."

배영호
코오롱인더스트리 고문

노사상생의 길에
신뢰라는
이정표를 세워라

대화로 노사분규를 해결하다

배영호 고문이 1996년 노사갈등이 심했던 코오롱 구미공장장을 맡았을 때의 일이다. 당시 구미공장 노조는 강성 노조로 이름이 알려져 있었다. 그래서 누구나 그곳의 공장장으로 부임하기를 꺼려했다.

배 고문이 부임하자 노조는 임금인상을 요구하며 파업을 벌였다. 명목은 임금인상이지만 실제는 신임 공장장을 길들이기 위함이었다. 배 고문은 넥타이를 풀고 농성을 벌이고 있는 노조원들 사이에 앉았다. 그는 손에 소주병을 들고 있었다.

"어차피 밤을 새워야 할 판이면 나와 함께 술 한 잔 나눕시다. 하고 싶은 얘기는 무엇이든 다 들어줄 테니까 말하세요."

그의 제안에 공장 노조원들은 마음을 열었고 극적인 타협이 이루어
졌다. 그로부터 배 고문이 공장장으로 있는 3년 동안 노조원들의 파업
으로 생산 차질이 빚어진 일은 한 번도 없었다.

그는 공장장으로 있을 때 낡은 자전거 한 대를 사서 30만 평이나 되
는 공장 현장을 매일 돌았다. 그리고 노조 사무실에 들러서 짧은 시간
이나마 노조원들과 대화를 나누고 차 한 잔을 얻어 마신 다음 자신의
사무실로 돌아와서 일을 봤다. 그리하여 노조원들은 배 고문에게 자전
거 공장장이라는 별명을 붙였다.

노사상생의 길은 신뢰다

배 고문은 노사상생에 성공하자면 먼저 CEO가 구성원들로부터 신뢰
를 얻어야 한다고 생각했다. 노사상생의 길에 신뢰라는 이정표를 세우
고자 했다.

그가 노조원들에게 자주 하는 말이 있다.

"회사가 제때 투자를 안 해서 망했다고 하자. 나는 나이가 있으니 그
전에 떠날 것이다. 그런데 여러분은 어떻게 할 거야? 이기적으로 대응
하면 노사 모두 공멸한다."

노사 간의 신뢰는 부부 사이의 믿음과 같다

신뢰받는 CEO가 되겠다는 것이 배 고문이 CEO에 취임하면서 제일

먼저 한 말이다. 그는 노사관계를 부부 사이의 믿음에 비유해서 말한다.

CEO가 남편이라면 노조위원장은 부인이라는 것이다. 남편이 야근을 하고도 외박한 것으로 부인에게 오해를 받는다면 평소 남편이 부인으로부터 신뢰를 받지 못했다는 의미였다. 평소에 신뢰를 쌓기 위해 배 고문은 매달 노조위원장 세 명에게 회사 경영 상태를 자세하게 설명했다.

"남편이 돈을 벌어오면 부인이 살림을 하듯이, 사장은 벌고 노조는 절약해야 한다. 그런데 부인이 시장을 볼 때 콩나물값도 깎아가며 절약하고 사는데, 남편은 술집에서 팁이나 주고 돈을 펑펑 쓰면 그 가정은 어떻게 되겠는가? 사장이 노조에게 경영 상태를 설명하는 것은 남편이 부인에게 직장 얘기를 하는 것과 같다. 남편이 부인에게 특별 보너스가 나왔으니 당신 옷이나 한 벌 사 입으라, 또는 회사가 어려워 이번에 보너스가 안 나왔으니 외식 줄이자고 하는 것과 같은 것이다."

정리해고 대신 사업 구조조정으로 위기를 돌파하다

1998년 배 고문이 경영을 맡은 코오롱유화는 당시 한 해 19억 원 적자에 이직률이 40퍼센트를 오르내리는 중환자 같은 회사였다. 그는 부임하자마자 300명 가까운 임원들에게 당시 돈으로 100만 원씩을 준 다음 "무조건 나를 믿고 따르라"고 말했다. 그리고 그는 정리해고 대신에 사업 구조조정을 택했다. 그 덕분에 매출이 30퍼센트씩 성장하는 우량기업으로 전환됐다.

사외이사와 주주에 대하여

코오롱은 분기별 한 번씩 이사회를 연다. 두 명의 사외이사 중 한 명은 공대 교수이고, 나머지 한 명은 전직 은행 임원이다.

사외이사의 핵심 역할은 해당 기업의 투명성을 제고하는 것이라고 배 고문은 말한다. 투자 등 중요한 이사회 안건에 대해 사외이사에게도 알리지만 사외이사들은 아무래도 전문지식 면에서 떨어질 수밖에 없다. 따라서 의사결정을 내리는 일보다 투명경영을 반하는 일을 했을 때 그것을 지적하는 게 사외이사들의 몫이다.

사외이사의 비중이 크면 기업 설명회를 할 때 유리할 것이다. 그러나 사외이사가 과반수를 차지하더라도 용기가 없으면 제동을 걸 수 없다. 한마디로 누가 맡느냐가 중요하다. 회사를 아끼는 사람, 반대할 때는 반대할 줄 아는 사람, 관철이 안 되면 사표도 쓸 수 있는 사람이 사외이사가 되어야 한다.

전문 경영인과 오너 경영인

배 고문은 전문 경영인, 즉 CEO다. 그러나 우리나라 실정에는 전문 경영인보다 오너 경영인이 적합하다는 것이 그의 지론이다. 소유 경영인은 장기성과에 대한 안목을 중시하기 때문이다. 그러나 그가 바라는 이상은 전문 경영인과 오너 경영인 사이의 조화다. 즉, 대주주는 전문 경영인을 선임해 권한을 위임하고 장기성과를 챙기는 것이 바람직하다고 한다.

대주주인 2세 경영인이 오늘날 많은 기업을 맡고 있는 데 대하여 그는 경영권 자체가 아니라 2세 경영인의 능력이 검증되었느냐 하는 것이 문제라고 말한다. 검증을 누가 했느냐도 중요하지만, 실제 경영을 맡아봐야 검증할 수 있기 때문이다.

꿈 그리고 사업 전망

CEO로서의 배 고문의 꿈은 "코오롱, 좋은 회사죠"라는 소리를 듣는 것이라고 한다. 40년 전 그가 처음 입사했을 때 코오롱은 좋은 회사였다. 그런데 코오롱유화, 코오롱제약 사장을 하고 돌아오니 사세가 크게 기울어 있었다. 섬유 산업의 쇠퇴가 가장 큰 이유다.

그러나 그는 이렇게 말하며 자신감을 나타내었다.

"사양 산업이란 없다. 사양 기업이 있을 뿐이다. 진정 회사를 잘 치료하여 건강해진 후 박수를 받을 때 떠나고 싶다. '배 아무개가 코오롱에 있을 때는 우리 회사가 잘 돌아갔다'는 소리를 듣고 싶다."

경영철학

첫째, 노사타협을 통한 노사상생의 경영이다.

타협의 경영을 위해 부단한 대화를 시도하며, 상대가 누구인지 가리지 않으며, 시간과 장소를 가리지 않고 부단한 대화를 유도한다.

둘째, 사외이사의 필요를 인정한다. 사외이사가 존재함으로써 투명
경영을 할 수 있기 때문이다.

셋째, 소유와 경영이 통합된 소유경영 체제를 선호한다.

배영호 고문의 노사관계

노사관계를 부부 사이의 믿음으로 생각하라.
부부 사이라고 생각하면 모든 대화가 가능해진다.

허심탄회하게 대화를 나누라.
자신의 주장을 말하기보다 상대의 의견을 경청할 때 해결책이 나온다.

경영인은 투명경영을 할 때 노 측으로부터 신뢰를 얻을 수 있다.
신뢰 없이는 어떤 대화도 무익하다.

자신이 종사하고 있는 업종에 대해 자신감을 가져라.
사양 기업은 있어도 사양 산업은 없다.

PART 20

리더십

"격변 시대에 CEO의 가장 중요한 역할은 회사가 나아갈 방향을 정하는 것이다.
물론 기업의 핵심 역량을 살리는 것도 중요하다.
그리고 CEO는 갈 길이 정해지면 선택과 집중을 해야 한다."

김재우
前 아주그룹 부회장,
現 한국코치협회 회장

CEO는
오너보다 더
오너 같은 사람이어야 한다

리더십으로 회사를 구하다

벽산그룹 김희철 회장으로부터 "벽산을 구해달라"는 부탁을 받고 벽산
건설 사장에 부임한 김재우 회장은 "어떤 희생을 감수하더라도 벽산을
구해내겠습니다"고 약속을 했다.

그는 여러 가지 방안을 강구했으나 죄다 마땅하게 생각되지 않았다.
그러나 어떻게든 살려야겠기에 벽산그룹의 알짜 회사인 석고보드 공
장을 매각하는 길 말고 다른 방법이 없었다.

그가 석고보드 공장을 700억 원에 매각하기로 결정하자 회사는 대
혼란에 빠졌다. 직원들의 원망이 모두 그를 향했다.

"회사 내용을 잘 모르는 신임 사장이 회사를 살리겠다고 나선 것이

고작 석고보드 공장을 팔아치우는 것이냐?"

반발과 분노가 한데 섞여 직원들은 잡아죽일 듯이 그에게 덤벼들었다.

그러나 그는 조금도 동요하지 않고 밀어붙였다. 그리고 회사 인트라넷 게시판에 "나를 믿고 따라오지 않으면 여기서 그만두겠다"는 글을 올렸다.

이런 원망과 갈등은 오래가지 않고 곧 해결되었다. 공장 매각 결정이 벽산그룹의 차입 구조를 해결하는 돌파구가 되었기 때문이다. 결국 벽산그룹은 살아났고, 확정된 지 1년만에 워크아웃에서 탈출할 수 있었다. 이것은 한 번 결정하면 꾸물거리지 않고 오로지 밀어붙이는 그의 결단력과, 회장을 비롯한 임원진과 직원들을 설득해낸 리더십의 덕분이었다.

CEO의 올바른 자세

CEO는 오너보다 더 오너 같아야 한다고 그는 주장한다. 전문 경영인은 오너의 눈으로 보고, 오너의 입장에서 판단해야 한다는 것이다. 그는 오너가 구성원에 대한 생사여탈권을 쥐고 있고, 규모가 크고 투명도가 높은 회사라면 그 오너는 전문 경영인이 회사의 재산을 더 늘려주고 더 정직하기를 바란다고 말했다.

CEO는 단순히 자리만 차지하고 있어서는 안 된다. 자신이 주인이라는 마음 자세와 의식을 가지고 회사 일을 해야 한다. 그는, 자신은

CEO로 있을 때 그런 자세로 일했다고 말한다. 그 한 예가 삼성에 몸담고 있을 때의 일이다.

1차 오일 쇼크가 있을 당시 삼성물산의 첫 베이루트 지사장으로 발령을 받았다. 당시 삼성물산의 연간 수출액이 2억 달러였는데, 그는 사우디아라비아 정부에 군복 등 1억 100만 달러치 계약을 성사시켰다. 다른 한국의 업체들이 협력하여 함께 물량을 확보하자고 제안했으나 그는 거절하고 공개입찰에 단독으로 입찰하였고, 단독 수주에 성공했다. 6개월에 걸쳐 뽑아낸 원가 계산을 토대로 1억 달러를 넘어야 한다는 생각에 101밀리언 달러라고 적어넣은 것이다.

당시 그는 서른두 살이었다. 젊은 나이에 그런 엄청난 결과를 가져온 것은 자신이 이 회사의 주인이라는 생각이 있었기에 가능했다.

그 후로 그는 승승장구했다. 서른일곱 살에 삼성에서 최연소 임원이 됐다. 이것은 오로지 자신이 주인이라는 자세와 의식을 가지고 일했기 때문이라고 말한다.

격변 시대에 경영자의 역할

김 회장은 격변 시대에 CEO의 중요한 역할에 대해서 이렇게 말했다.

"격변 시대에 CEO의 가장 중요한 역할은 회사가 나아갈 방향을 정하는 것이다. 물론 기업의 핵심 역량을 살리는 것도 중요하다. 그리고 CEO는 갈 길이 정해지면 선택과 집중을 해야 한다."

리더는 조직의 진로를 선택하고 거기에 핵심 역량을 집중시키는 사람이라고 정의했다. 그러기 위해서 리더십은 필수라고 말한다.

CEO가 선택과 집중을 할 때 선택받지 못한 것은 과감히 버려야 한다. 가용자원을 집중적으로 투입했는데도 시장을 석권할 가능성이 희박하면 아예 해당 사업을 정리하는 것이다. 죽어야 사는 것이 아니라 버려야 기업이 살기에 선택과 포기는 동전의 양면과 같다고 하겠다.

위임의 리더십

아주그룹에서 3년간 부회장으로 일할 때 그는 방임에 가까울 정도로 자율을 허용하였다. 즉, 위임의 리더십을 발휘한 것이다. 그는 위임하고 나서 챙겨야 할 일은 단지 시스템을 구축하는 것이라고 했다. 그러면 자유롭고 책임감 있게 일할 수 있다. 스스로 결정하게 하고 그는 진행 상황만 챙긴다. 의사결정 능력을 키우는 데에도 훈련이 필요하다. 스스로 생각하고 정답을 찾도록 하는 것이 아니라 합리적인 대안을 찾도록 한다.

그가 원하는 것은 오직 일하는 속도다. 그래서 일을 시킬 때는 "언제까지 할 건데?" 하고 묻는다.

독서를 권하는 CEO

그는 독서를 많이 하는 CEO로 유명하다. 그는 벽산건설 시절부터 직원들에게 독서를 권해왔다. 한 달에 한 권씩 읽기를 권하는데, 신문의 신간 안내를 보고 3~4권을 골라 속독을 한 후 1권을 권한다.

그는 현재 기업혁신을 연구하는 한국코치협회 회장을 맡고 있다.

경영철학

김 회장의 경영철학은 첫째, 그의 좌우명인 '착안대국 착수소국(着眼大局, 着手小局)'이다. 대국적으로 생각하고 멀리 보되, 실행은 한 수 한 수 집중해 작은 성공들을 모아나가는 것이 승리의 길이라는 의미다. 즉, 일 전체의 맥락을 파악해 목표를 정한 후 꼼꼼하고 철저하게 실행한다는 것이다.

둘째, 카리스마가 아닌 판단력을 중시한다. 목표와 우선순위를 정하는 것이 무엇보다도 중요하다.

셋째, 주인의식을 가지고 일하는 것이다. 어떤 지위에 있든 자신이 이 회사의 오너라는 의식을 가지고 일하는 것이다.

김재우 회장의 리더십

큰 흐름을 읽는다.
정상에 올라 사방을 둘러보며 변화를 예측하고 미래에 대비한다.

인문학 소양을 키워라.
CEO에게 요구되는 통찰력과 복합성을 길러주는 것이 인문학이다.

커뮤니케이션 능력을 키워라.
CEO는 구성원에게 자신이 내다본 회사의 미래를 설득해 조직이 그 방향으로 나아가게 만들어야 한다.

독서를 많이 하라.
CEO는 자기 전공 분야는 물론 여러 방면에 걸쳐 풍부한 지식을 쌓아야 한다.

PART 21

선택

"제 모든 사업의 시작과 끝은 정직과 신뢰입니다."

홍성열
마리오아울렛 회장

상식을
뛰어넘는
선택을 하라

한국 최초의 아울렛을 세우다

검은 연기를 내뿜던 시절이 완전히 잊히지 않은 2001년, 옛 구로공단
자리에 홍성열 회장은 정통 패션 아울렛을 세웠다. 그리고 이 지역을
전국 최대의 패션단지로 만들었다.

당시 홍 회장이 국내 최초로 아울렛을 설립한 것은 상품재고와 유통
에 대한 고민에서 비롯되었다. 업체들은 재고를 처리하고 소비자들은
좋은 제품을 싸게 살 수 있게 할 방법을 생각하던 홍 사장은 외국에서
접한 아울렛이 우리나라에서도 성공할 것이라고 확신했다.

마침 그때는 IMF 외환위기였고 구로공단의 공장 건물들이 매물로 쏟
아져 나왔다. 지금이 공장 부지를 살 최고의 적기라고 판단한 그는 곧

장 실행에 옮겨 사업을 시작하기로 하였다.

자신의 판단을 믿다

홍 회장의 결정에 주위에서는 모두 말리기 바빴다. 외환위기와 맞물려서 금융 환경도 좋지 않은 데다 당시 홍 회장이 하던 까르뜨니트 매장도 전국 60개 중 16개가 부도 직전에 있었다. 또한 1970년대에 성황을 이루었던 굴뚝 공장들이 문을 닫아버렸기에 유동인구가 없는 구로동에 대형 매장을 만드는 것은 무모한 일로 보였다.

그러나 홍 회장은 자신의 판단을 믿었다. 그리고 밀어붙였다. 주변에서 위태롭게 지켜보는 가운데 마침내 2001년 마리오아울렛 1관이 오픈됐다. 홍 회장은 자신의 판단이 옳았음을 곧 알게 되었다.

1관 오픈 3년 만에 마리오아울렛 2관을 오픈했다. 입점을 희망하는 브랜드가 많은 데다가 신규 카테고리들을 들여오기 위해서였다. 2001년 첫해 매출액이 500억 원이었는데, 2004년에는 1,200억 원을 기록했다. 마리오아울렛의 2013년 매출 목표는 5,000억 원이다.

지하 4층과 지상 13층 규모의 3관은 세계적 수준의 아울렛을 만들겠다는 홍 회장의 의지가 담겨 백화점과 쇼핑몰의 장점을 두루 갖춘 공간으로 탄생하였다. 정통 패션 매장은 물론이고 국내 아울렛 최초로 침대와 주방기구 등 라이프스타일 매장이 입점했다. 유명 레스토랑도 입점하여 호황을 이루고 있다.

상식을 뛰어넘는 선택이 성공의 요인

홍 회장이 아울렛을 구상할 당시 패션 제조 공장은 대부분 영세업체들이라 허름한 변두리 지하실 같은 열악한 환경에서 제조가 이루어지고 있었다. 이와 반대로 판매시설은 도심 한복판에 위치하고 있었다. 이것이 또한 상식이었다.

그러나 홍 회장은 상식을 깨고 패션과 유통을 '원스톱시스템'으로 만들었다. 홍 회장은 공장과 매장이 한곳에 있으면 물류비와 임대비를 줄일 수 있고, 경쟁력을 높일 수 있다고 본 것이다. 그래서 그는 2관에 제조와 판매시설을 모은 것이다.

위기도 정도경영이 이긴다는 것을 깨달았다

홍 회장이 사업을 시작한 이후 계속해서 술술 잘 풀리기만 한 것은 아니다. 공장 지대에 유통시설이 들어올 수 없다는 법 규제 때문에 공무원들로부터 많은 방해를 받았다.

처음에는 공무원들이 말도 붙이지 못할 정도로 고압적이었다. 법 해석과 관계없이 무조건 불법이라고 방해를 했다. 심지어 마리오아울렛과 계약이 중단되었으니 거래를 중단하라고 한국산업단지공단이 다섯 개의 은행에 공문을 보내기까지 하였다. 이로 인해서 3관을 짓는 데 무려 8년이나 걸렸다.

그러나 구로동 일대에 패션 타운이 형성되고 고객과 돈이 몰리자 규제가 약해지면서 홍 회장은 고비를 넘기게 되었다.

홍 회장은 이런 어려움을 겪으면서 속임수를 쓰지 않는 정도경영이 이긴다는 점을 깨달았다. 잠깐의 이익을 위한 속임수는 결국 드러나게 마련이다. 기업 간의 약속은 신뢰로 이어지고, 고객과의 약속은 품질로 나타난다는 것이다.

외길을 걷다

홍 회장은 30년 넘게 패션 외길을 걸어오고 있다. 1980년 형제들로부터 200만 원을 빌려 편물기를 사서 직원 네 명을 두고 대방동에 니트 제조 공장을 차렸다. 당시는 외국 바이어들이 시키는 대로 만드는 삯바느질 수준에 머물던 시대였다. 그 시절 홍 회장은 새로운 브랜드 니트를 만들기 위해 밤잠을 설치면서 노력한 끝에 드디어 '까르뜨니트'를 출시했다.

일본 바이어들이 관심을 가지면서 홍 회장은 본격적으로 니트 사업에 매진하였다. 구로공단에 공장과 사옥을 짓고 스웨터 내수판매와 수출에 주력하였다.

어떤 일이 있어도 약속을 지키고 제품에 작은 하자가 생기면 일본까지 달려가서 해결하는 홍 회장의 진지한 태도와 성실한 자세에 일본 바이어들이 홍 회장을 믿기 시작하면서 그의 사업은 본궤도에 오르기 시작했다.

앞으로의 계획과 꿈

앞으로 국내 고객은 물론이고 중국인 관광객을 끌어들이는 것이 관건이라고 홍 회장은 말한다. 이를 위해서 3관 오픈과 함께 2층에 '마리오 명품관'을 마련했다. 명품매장의 수수료를 대폭 내리고 브랜드별로 최대한 마진을 낮춰 국내 최저가로 판매하고 있다.

외국인 관광 유치를 위해 서비스도 강화했다. 중국, 일본, 동남아시아 관광객을 상대로 택스 리펀드(Text Refund. 해외 여행자들이 부가세가 포함된 물건을 구입한 뒤 본국으로 돌아갈 경우 일정액의 부가세 및 개별소비세를 되돌려주는 '외국인 대상 세금 환급제') 서비스와 외국어 안내표지 등을 제공한다.

홍 회장은 민관이 힘을 모아 그 지역에 패션 IT 문화거리를 조성하고 구로공단 역시 박물관을 만들어 산업관광 코스로 개발할 수 있기를 꿈꾼다.

경영철학

중요한 결정을 내릴 때는 필요에 따라 독불장군이 되어야 한다. 그는 반드시 해결해야 할 결정, 실행해야 할 일에는 고집이 필요하다고 말한다.

홍 회장은 자신의 경영철학을 '정직과 신뢰'라고 말한다. 그는 지금까지 정직과 신뢰로 사업을 해왔다고 자부한다고 말한다. 신뢰를 얻었기 때문에 수해로 수출 물량이 피해를 입었을 때에도 일본 바이어들이 그에게 신뢰를 보여주었다고 한다. 홍 회장은 자신의 모든 사업의 시작과 끝은 정직과 신뢰라고 힘주어 말한다.

홍 회장의 경영철학에서 빼놓을 수 없는 것이 선택과 집중이다. 샀바느질 시대에 최초로 새로운 디자인 '니트'를 생산하기 위해 부단한 노력을 하고 국내 최초로 아울렛을 설립한 것은 모두 상식을 뛰어넘는 선택의 결과였으며, 오로지 외길을 걸어온 것은 한곳에 집중하는 의지의 발현이라고 말한다.

경영철학에서 또 한 가지를 든다면 위기 때 공격경영을 한다는 것이다. 그 예로 IMF 외환위기 때 남들은 몸을 움츠리고 있는데, 그는 공격적으로 디자인을 혁신하고 물량을 확보했다. 위기를 기회로 본 대표적인 CEO라고 할 수 있다.

홍성열 회장의 선택경영

자신의 선택이 올바른 선택임을 믿는다.

그러기 위해서는 자신은 항상 올바르게 판단한다는 것을 확신해야
한다.

CEO는 필요에 따라 독불장군이 되어야 한다.

그러기 위해서는 강단과 고집이 있어야 한다.

신뢰와 정직을 삶의 철학으로 삼는다.

어려운 일에 부닥쳤을 때 정직하고 신뢰를 지키는지를 알게 된다.

결단 후에는 주위의 생각과 관계없이 밀어붙인다.

경영자는 때로 고집이 필요하다.

PART 22

차별화

"1등을 하기 위해서는 무엇인가 남과 달라야 한다."

차별화만이
1등을 할 수 있다

차별화 없이 1등은 불가능하다

학교에서 공부하는 학생이나 운동선수가 1등을 한 이유는 그 공부법이
나 훈련방식이 다른 사람과 달랐기 때문이다. 뭔가 차별화가 있었기에
1등을 할 수 있었던 것이다. 이와 마찬가지로 세계 수많은 공항에서
1등을 차지하기 위해서는 뭔가 달라야 한다. 이러한 평범한 진리를 터
득하고 실천한 사람이 바로 인천국제공항공사 사장을 역임한 이채욱
CJ대한통운 대표다.

'1등을 하려면 뭔가 달라져야 한다.'

이는 이 대표의 경영철학이다. 공항의 기본은 안전, 편리, 신속이다. 이 세 가지가 거의 전부라고 할 수 있다. 공항에 내려 짐을 찾고, 세관을 거쳐 통과하는 과정이 빠르고 편리하고 친절하면 이것만으로 2등을 할 수 있다.

그러나 1등을 하려면 뭔가 달라야 한다고 생각한 그는 1등을 하기 위한 차별화전략을 세운다. 공항만 차별화되면 안 된다고 생각한 그는 공항에 입주해 있는 570개의 입점업체에 협조를 구했다. 총 3만 5천 명의 직원이 근무하고 있는데, 이 직원들이 모두 한마음이 되어서 '최고 공항'이라는 목표를 향해 함께 나아가야 한다고 판단한 것이다. 그리하여 어떻게 그들의 협력을 이끌어내고 어떻게 차별화할 것인가를 위해 그는 사장으로 취임하고 나서 며칠 동안 밤잠을 자지 않고 고민하였다.

첫번째 차별화, 독특한 문화적 향기를 만들다

그의 첫 번째 차별화전략은 우리나라 5,000년의 장구한 역사에 착안해 이것을 알리는 행사를 실시한 것이다. 왕과 왕비, 세자와 세자빈의 행사를 착안한 '왕가의 산책'이 그것이다. 그 밖에 '한국의 가면극' 공연이나 '6·25 한국전쟁 사진전' 등이 있다. 또 외국인을 위한 '전통문화 체험관'을 만들어 부채 만들기 같은 이벤트를 시행했다.

1년 동안 마련한 이벤트가 무려 400건이나 되었다. 이벤트를 위해 국립극장, 국악원 등에 협력을 얻기도 했다. 이런 이벤트를 통해서 외국의 공항에서는 느낄 수 없는 인천공항만의 독특한 문화적 향기를 갖추어 다른 공항과의 차별화를 시도했다.

두 번째 차별화, 아이디어 도출을 위한 방식의 차별화

그는 아이디어를 구하기 위해 워크아웃을 도입했다. 이를 위해 매주 월요일마다 EM(Executive Meeting, 간부회의)을 실시했다. 이 자리에서 참석자들은 각자의 아이디어를 쪽지에 무기명으로 적어낸다. 그 아이디어를 모아 칠판에 붙인 다음, 토론과 표결을 통해서 베스트를 정한다.

처음 나온 아이디어가 20개라면, 10개, 5개 식으로 좁혀가다가 마지막에 베스트를 선정하는 방식이었다. 즉, 가장 많은 지지를 받은 아이디어를 베스트로 선정한다. 그 역시 참석하여 아이디어를 적어 내지만, 다른 참여자와 동일하게 무기명으로 제출한다.

베스트로 선정된 아이디어를 채택하면 직원들은 자신의 아이디어가 채택된 데 대해서 자부심을 느끼고 그 아이디어를 실행하는 데 더욱 열성적으로 임하게 된다. 그리하여 일석이조의 효과를 보게 되었다.

세 번째 차별화, CEO와의 대화

승진자 교육 프로그램을 연수원에서 갖는데, 여기서 'CEO와의 대화' 코너를 마련했다. 대리, 과장, 팀장, 처장 등 매번 승진자들 교육이 있을 때마다 그는 빠짐없이 참여해 회사와 사장의 향후 계획과 경영철학을 알리고 공유하려 노력했다.

진심이 있으면 통한다. 이야기를 들어보면 이 사람이 하는 말이 거짓인지 아닌지 알게 된다. 그는 어떤 질문이든 다 할 수 있도록 했다. 이것을 동화(흡수, assimilation)라 부르는데, 일종의 인사청문회 비슷한 것이다. 한마디로 '궁금한 게 있으면 다 물어봐라' 하는 것이다. 그런데 막상 이런 자리를 마련해주면 사람들이 잘 물어보질 못한다. 그래서 이것도 익명으로 하도록 했다.

질문은 크게 다섯 가지 범주로 나눴다. 첫째, 회사에 대해 사장이 알고 있는 게 뭐냐, 둘째, 회사에 대해 사장이 더 알고 싶은 것은 뭐냐, 셋째, 회사에 대해 사장이 알아야 할 것은 뭐냐, 넷째, 사장의 관심사가 뭐냐, 다섯째, 사장에게(또는 사장이) 하고 싶은 제안 사항이 뭐냐 하는 것이다.

참여자들이 제기한 질문을 각 항목에 맞게 분리해 칠판에 붙일 동안 사장은 방 밖에 나가 있다가, 칠판에 질문지를 다 붙이고 나면 그 자리에 들어가 대답하는 방식이었다. 이걸 익명으로 하게 하면 온갖 질문이 다 쏟아진다. '당신이 낙하산이라던데 맞느냐', '골프는 얼마나 치냐' 등등 평소 묻기 힘든 질문들이 다 나온다. 질문 하나하나에 꼼꼼히 대답하려면 최소한 네 시간이 걸린다. 이걸 각 부문 본부장들과 했고, 노조와도 했다.

그리고 본부장들은 처장들과, 처장들은 팀원들과 하게 했다. 이걸 몇 번 거듭하면 근거 없는 소문들이 사라지게 된다. 이런 방식의 시뮬레이션은 거짓말을 할 수 없는 구조를 갖고 있다. 거짓말을 했다간 조만간 들통이 날 수밖에 없는 것이다. 몇 번만 거듭하면 신뢰가 생길 수밖에 없다.

그는 이런 방법으로 노조와 대화를 했으며, 마침내 노조로부터 신임을 얻게 되었다.

기업은 성장해야 하고 성과를 거둬야 한다. 얻은 이익을 나눠주면 인재들이 모이고 기업이 성장한다. 그러면 기업은 사회적 책임을 다할 수 있다. 이걸 잘하면 존경받는 기업이 된다. 이때 사장의 역할은 인재들의 뜻을 모아 실행하는 것뿐이다.

CEO가 이익을 창출하고 사회적 책임을 다하기 위해서는 내부 고객인 직원들과의 관계가 원만해야 한다. 그렇지 못하면 경영 자체가 불가능하다. 그는 직원들 특히 노조들과도 차별화된 대화방식을 통하여 그들의 협력을 이끌어내었고, 존경받는 CEO가 되었다.

차별화의 성과

그의 차별화전략으로 어떤 성과가 있었을까?

인천국제공항은 국제공항협회가 주관하는 세계 공항서비스 평가에서 2005년 이후 5년간 계속 '세계 최고 공항'으로 선정되었다.

또 인천공항은 까다롭기로 소문난 항공서비스 평가사이트 스카이트랙스에서도 세계 최고로 꼽혔다. 스카이트랙스는 2008년 하반기부터 2009년 상반기까지 세계 97개국의 여행객과 여행전문가 900명을 대상으로, 환승, 도착 등 98개 분야에 걸쳐서 만족도를 조사했고 인천국제공항을 최우수공항으로 선정했다.

인천국제공항의 2009년 매출액은 1조 1,867억 원으로 글로벌 경기 침체로 여행자수가 급감했음에도 불구하고 2008년보다 무려 10.6퍼센트나 증가했다.

유가와 환율이 급변하는 위기 속에서 인천국제공항이 이렇게 흑자 경영을 이룬 원인은 어디에 있을까? 여러 가지 원인이 있겠으나 무엇보다도 그의 차별화된 전략 덕분으로 분석된다.

경영철학

그의 경영철학 제1조는 투명경영이다. 오너가 없는 공사이기에 투명경영은 당연한 것이었다. 경영뿐만 아니라 인사에서도 투명성을 강조했다.

두 번째는 무엇인가 다른, 차별화경영이다. 그는 1등을 하기 위해서는 무엇인가 남과 달라야 한다고 강조했다.

세 번째는 소통이다. 그는 여러 가지 방법으로 직원과 소통을 꾀했다. 또한 공항 입주업자들과도 끊임없이 대화를 시도했다. 그는 천성적으로 소통을 좋아하여 CEO 중에서 인맥이 가장 넓은 사람으로 통한다.

마지막으로, 그는 기업인으로서 사회적 책임을 강조한다. 임원은 물론 직원 모두에게 기회가 있을 때마다 사회적 기업인의 일원으로서

의 책임을 역설한다. 인천국제공항 사장 시절, 그는 무엇보다도 안전
을 제일 우선으로 취급하며 안전 없이는 어떤 것도 무용지물임을 강
조했다.

이채욱 대표의 차별화

세상은 2등을 기억하지 않는다. 따라서 1등을 목표로 삼아야 한다.

공항의 기본인 안전, 신속, 편리만 추구해도 2등은 한다. 그러나 세상은 2등을 알아주지 않는다. 따라서 무엇을 하든 1등을 목표로 해야한다.

자기만이 갖고 있는 독특성을 나타나게 하여 차별화를 이루었다.

인간은 누구나 자신만의 장점과 독특성이 있다. 그것을 찾아 개발할 때 성공의 길이 쉽게 열린다.

직원들이 아이디어나 의견을 마음 놓고 펼칠 수 있도록 했다.

CEO는 직원들의 최고 아이디어를 끌어내어 그것을 모아서 실행하는 존재다. 현대적 리더십은 우수한 직원들로부터 지혜를 이끌어내고 그것을 현실화하는 것이다.

거래처나 관계기관의 협력을 얻는 데도 공감할 수 있는 목표를 제시했다.
모두가 공감하는 목표를 정하고 그것을 실행하기 위한 협의체인 위원회를 만들었다. 위원회는 각 기관장급 위원회와 실무자급 위원회로 구성되어 있으며 모든 문제를 토의하여 결정한다.

성장하는 기업, 인재를 육성하는 기업, 윤리적 경영을 하며, 사회적으로 책임을 지는 기업을 만드는 것이 이 대표의 경영철학이다.
기업을 하는 사람은 물론 앞으로 CEO를 꿈꾸는 사람은 누구나 본받을 만한 경영철학이다.

PART 23

성공

"성공은 내가 태어나기 전보다 이 세상을 조금이라도 살기 좋은 세상으로 만드는 것이다."

김범수
카카오 이사회 의장,
국가지식재산위원회 민간위원

성공은
더 나은 세상을
꿈꾸는 것

온라인 세상을 꿈꾸다

김범수 의장은 대학에서 인터넷이나 컴퓨터와는 거리가 먼 산업공학을 전공했다. 그러나 그는 대학원에 다닐 때 3개월 동안 후배 자취방에서 PC통신을 통해 새로운 세상을 접하였고 결국 진로를 바꾸고, PC통신을 대학원 졸업 논문 주제로 삼아 제출하였다. 새로운 세상에 눈을 뜨고 그 세계를 꿈꾸기 시작한 것이다. 이후 그는 인터넷과 모바일의 결합이 새로운 세상을 열어줄 것이라고 생각하게 되었다. 그리고 새로운 세상을 만난다는 설렘을 안고 마침내 사업을 시작하였다.

그는 컴퓨터를 원 없이 만지고 싶다는 생각에 삼성SDI에 입사하였고, PC통신 유니텔 개발팀에서 일하게 된다. 김 의장이 재직 당시 개발하고 있던 유니텔은 승승장구했다. 따라서 그의 입지는 확고하게 보장되었다.

그러나 그는 1997년, 온라인으로 새로운 세상을 만들겠다는 원대한 꿈을 가지고 안정된 직장을 박차고 나왔다. 그리고 마이너스 통장으로 500만 원을 마련하여 서울교대 부근에 8평짜리 오피스텔을 얻었다. 그렇게 자신의 운명을 걸고 국내 최초의 게임포털 '한게임'을 창업하였다. 그러나 그가 창업하자마자 IMF 외환위기가 닥쳤고, 열 명의 직원 중 아홉 명이 그의 곁을 떠났다. 전혀 예상치 못했던 위기가 순식간에 그를 덮친 것이다.

위기에서도 승부를 던지다

보통 사람들은 위기를 만나면 잠시 움츠리거나 조심한다. 그러나 김 의장에게는 위기 속에서 오히려 승부수를 던지는 승부사 기질이 있었다. 그는 모험을 감행했다. 그는 친구나 친지에게 빌린 당시로는 꽤 거액인 1억 2,000만 원으로 한양대 부근에 국내 최대 규모의 PC방을 개설하였다. PC방을 통해서 돈도 벌고 자신이 구상하고 개발했던 바둑이나 포커 등의 게임을 직접 테스트해보려는 생각에서였다. PC방은 대성공을 거두었다.

김 의장은 이때 게임 회사 경영뿐만 아니라 최일선의 PC방 영업까지도 파악할 수 있었다. PC방 운영을 하는 동안 그는 PC방 한구석에 쪼그리고 앉아 게임 개발에 몰두하였다. 운 좋게도 그가 개발한 게임은

폭발적인 인기를 얻었다.

이후 김 의장은 자신이 창업한 '한게임'을 네이버와 합병하여 NHN을 만들었다. 게임과 검색엔진의 결합을 통해 게임 시장에 큰 파급 효과를 일으켰고 막대한 영향력을 행사하게 되었다. 당시 한게임 4주와 네이버 1주의 비율로 합병이 이루어지자 주위에서는 김 의장이 상당히 불리하였다는 평이 돌았으나 그는 오로지 합병이 가져올 시너지 효과만 생각하고 이불리를 따지지 않고 과감하게 합병에 나섰다.

벤처인의 기질이 발동하다

NHN 대표를 거쳐 NHN USA 대표로 있던 김 의장은 2007년 돌연 사표를 던졌다. 당시 이해진 NHN 의장과의 불화로 인해 NHN을 떠나는 것이 아닌가 하는 말들이 주위에서 나돌았다. 그런데 그는 다음과 같은 말을 남기고 회사를 떠났다.

"배는 항구에 정박해 있을 때가 가장 안전합니다. 하지만 그것이 배의 존재 이유는 아닙니다. 성공한 NHN이라는 정박한 배에서 떠납니다."

그는 한 가지 성공에 만족하지 않고, 더 좋은 세상을 만드는 것이 참된 성공이라는 자신의 신념에 따라 미래를 향해 나아가기로 한 것이었다.

김 의장은 그동안 하던 일들을 모두 훌훌 던지고 가족이 있는 미국으로 떠났다. 미국에서 1년 동안 아무것도 하지 않고 PC방에서 밤을 새

우기도 하고, 가족들과 여행을 하면서 보냈다. 그러면서도 더 좋은 세상을 만들겠다는 자신의 꿈을 한 번도 잊지 않았다.

상생하는 생태계 경제를 추구하다

김 의장은 마침내 가족들을 설득하여 다시 귀국하였다. 그리고 스마트폰이라는 모바일 환경을 활용한 카카오톡에 주력하였다. 카카오톡의 수익은 단순한 광고에만 의존하지 않았다. 그와 더불어 '유통플랫폼'으로서 다양한 콘텐츠를 담아내는 것으로 수익을 추구했다.

또한 김 의장은 하청업체와 함께 성장하는 소위 상생의 생태계 경제를 추구하였다. 이것은 과거 협력업체가 돈을 벌면 납품단가를 낮추던 방식의 갑을관계와는 달리 협력 기업 모두가 정해진 비중에 따라 수익을 분배하여 상생하는 방식이었다. 즉, 그는 카카오톡과 함께하는 기업들이 모두 동반성장하는 길을 찾기로 한 것이다.

김 의장은 지난 11월 20일 신규 플랫폼으로, 좋은 페이지만 있으면 누구나 페이지를 발행하고 친구와 함께 나누는 콘텐츠 플랫폼인 '카카오페이지'와, 새로운 고객을 만나고 관계를 유지해 나가고자 하는 사람들이 활용할 수 있는 플랫폼 '스토리플러스'를 개발하여 발표하였다. 이것은 한마디로 개인과 사업자들에게 마케팅 공간을 제공하는 것이다.

김 의장은 이렇게 말한다.

"한마디로 작가가 꿈인 사람, 디자이너가 꿈인 사람들이 몇몇 성공자

들의 들러리가 되는 데 그치지 않고 그들 스스로도 중앙 무대에 오를
수 있는 공간을 만드는 것이다."

이를 통해서 3년 내에 수익을 내는 100만 파트너를 만드는 것이 김
의장의 꿈이다.

더 나은 세상을 꿈꾸다

랠프 왈도 에머슨의 시 '성공이란 무엇인가'에 나오는 구절 중 '성공은
내가 태어나기 전보다 이 세상을 조금이라도 살기 좋은 곳으로 만드는
것'이라는 부분을 자신의 좌우명으로 삼은 김 의장. 그는 더 나은 세상
을 만들기 위해 끊임없이 노력하고 있다. 그 일환으로 상처 치유를 목
적으로 하는 사회적 기업으로, 국민 1,000만 명에게 정신건강을 회복
시켜주는 '힐링 프로젝트'를 진행하고 있는 심리치료 전문업체 '마인
드프리즘'의 지분 70.5퍼센트를 인수했다.

현재 '카카오톡' 가입자는 약 6,600만 명이다. 이들 중 하루 한 번 이
상 메시지를 보내는 사용자가 2,700만 명이고, 하루 최대 메시지 전송
수는 42억 건에 이른다.

경영철학

혁신 벤처가로 불리는 김 의장은 '최악의 리더는 결정하지 않는 리더'

라는 점을 사업을 통해서 깨달았다. 그는 위기를 만났거나 어떤 경우에 처해서든 신속하게 결단을 내린다. 그것이 그의 경영철학이다. 그는 카카오톡의 성공 비결로 '타이밍과 속도'를 꼽을 정도로 자신의 경영철학을 철저히 실행하고 있다.

자유분방한 그의 기질대로 기업문화도 자유롭고 공개적이다. 그는 또 하나의 성공 비결로 '모든 것을 직원에게 공개하는 기업문화'를 꼽는다.

김 의장은 직원들에게 기업으로서 사회적 책임을 강조한다. 단순히 사회적 책임만을 말하지 않고 적극적으로 역할을 다할 것을 강조하고 있다.

김범수 의장의 성공경영

신속한 결단력.

무능한 리더는 결단을 하지 못하는 리더라는 신념을 가진 김 의장은 무슨 일이든 신속한 결단을 내린다.

승부사 기질.

위기 속에서 자신이 확신하는 일에 인생을 거는 승부사 기질이 있다.

기업의 사회적 책임.

기업은 이윤 추구만을 목적으로 삼아서는 안 되며, 사회적 역할을 할 책임이 있다고 강조한다.

PART 24

경쟁력

"남이 가지 않는 길을 걸을 때 설렌다."

박지영
컴투스 대표이사 사장,
한국무선인터넷산업연합회 부회장

남보다
먼저 하는 것이
경쟁력이다

옥탑방에서 꿈을 키우다

박지영 사장은 젊어서부터 사업가의 기질이 있었다. 그녀는 1996년 고려대학교 컴퓨터학과 4학년 때부터 남자 동기 한 명과 선배 한 명, 이렇게 셋이서 각자 500만 원씩 모아 고려대학교 인근 옥탑방에 사무실을 차렸다. 그녀는 당시 지금 아니면 사업을 할 기회가 없을 것이라는 절박한 마음으로 사업을 시작하였다.

처음에는 MP3 시장을 보고 MP3플레이어를 개발했다. 당시 MP3 파일이 막 등장했을 때였다. 그런데 MP3기기를 만들려면 돈이 필요했다. 그 돈을 마련하기 위해 PC통신에 정보를 제공하는 IP 사업에 손을 대었다.

사업이 본궤도에 들어서는 순간 남자 동료 두 명이 입대하게 되었다.

그들은 입대 연기를 위해 다른 회사에 취직하였다. 혼자 남은 박 사장은 사업을 접기에는 너무나 아쉬움이 컸기에 혼자 회사를 꾸려갔다.

그녀는 각종 컴퓨터 부품 가격 정보를 유료로 판매했으나 재미를 보지 못했다. 그 후 천리안, 하이텔 등 모든 PC통신을 한꺼번에 검색하는 통합 검색엔진을 개발하여 판매를 시작하려고 했다. 그런데 모든 통신회사가 반대하여 뜻을 이루지 못하고 사업을 접어야 했다.

그러나 박 사장은 좌절하지 않았다. 그녀는 DDR 붐이 일 무렵, 가정용 DDR게임을 개발하였다. 그러나 제품 개발에 성공하여 기대에 부풀어 있는 그녀에게 또다시 불운이 닥쳤다. 중국산 저가제품이 밀려오면서 그녀가 어렵게 개발한 제품들이 시장에서 경쟁력을 잃게 된 것이다. 결국 그녀는 2억 원의 빚을 지게 되었다.

배수진을 치다

박 사장은 빚더미에 앉아 있으면서도 사업의 꿈을 포기하지 않았다. 그것은 "아직 젊으니까 제대로 한번 해보겠다"는 오기의 발동이었다. 그리하여 배수진을 치는 심정으로 택한 것이 모바일 게임이다.

마지막이라는 심정으로 모바일을 택한 박 사장에게 하늘이 도운 것인지 기쁜 일이 생겼다. 병역특례로 인포뱅크에서 일하던 이영일 부사장이 모바일 게임 아이디어를 낸 것이다. 박 사장은 그 아이디어가 충분히 가능성이 있음을 깨달았다. 그 당시 IT 분야에서 돈을 벌 수 있는 것이 게임과 증권정보였기 때문이다.

또한 인포뱅크의 이 부사장과 개발 아이템을 믿고 2억 원을 투자하는 한편, 창업투자사까지 소개했다. 그리하여 2000년, 박 사장은 3개 창업투자사로부터 약 40억 원의 투자를 받았다. 또한 군대에서 근무 중이던 창업 멤버들이 제대와 함께 속속 합류하면서 회사가 본궤도에 오르게 되었다.

영원한 1등은 없다

고려대 인근 옥탑방에서 창업을 시작한 이후 여러 번의 실패를 경험하면서 박 사장이 깨달은 진리가 있다. "IT업계에서는 오늘의 1위가 내일의 1위가 된다는 보장은 없다"라는 것이었다. 특히 대형 온라인 게임 업체들이 앞다투어 모바일 게임에 뛰어들고 있는 현실이니, 오늘 1등을 했다고 마음을 놓아서는 절대로 안 된다고 생각했다. 즉, 시장의 변화를 예측하고 항상 준비하고 있어야 한다는 것이다.

성장 모멘텀을 지속할 최고의 방법은 글로벌 시장 진출과 새로운 게임 개발이다. 그리하여 박 사장은 이미 2001년에 일본 시장 진출을 시작으로 미국과 유럽 등 전 세계 모바일 게임 시장을 공략했다. 현재 박 사장은 미국, 일본, 중국 현지에 컴투스 법인을 두고 있다.

믿을 수 있는 것은 가족

박 사장은 1999년 이 부사장과 결혼했다. 두 부부는 캠퍼스 커플로 창업 때부터 함께해온 파트너이기도 했다. 그래서인지 그들 부부는 일과 가정이 분리되지 않고 늘 함께하는 기분이 든다고 한다. 가정에서도 그들의 대화 주제는 늘 일이기 때문이다. 또한 박 사장에게 어떤 힘든 일이 있을 때 상의할 수 있는 유일한 상대가 남편 이 부사장이기 때문이다. 그뿐만 아니라 사업을 함께하는 동업자로서 회사가 일본이나 중국에 진출할 때는 이 부사장이 법인장으로 몇 년씩 나가 있으면서 사업을 돕기도 했다.

경영철학

박 사장은 남보다 먼저 하는 것이 경쟁력이라는 경영철학으로 국내 최초로 모바일 게임 사업에 뛰어들었다. 휴대전화의 주요 기능인 통신 기능에 PC 기능이 추가될 것으로 전망하고 이용자들에게 즐거움을 주는 콘텐츠를 먼저 서비스하면 경쟁력이 있을 것으로 판단하여 모바일 게임에 앞서 뛰어든 것이다. 남보다 먼저 하는 것이 경쟁력이라는 그녀의 경영철학에 따라 시장도 먼저 점유하려고 끊임없이 노력하고 있다.

그녀의 경영철학 두 번째는, 게임 개발의 생명이 아이디어에 있다고 생각하는 것이다. 그리하여 직원들이 마음껏 아이디어를 개발하고 창의적인 의견을 낼 수 있도록 환경을 조성해주는 데에 주력하고 있다.

박지영 사장의 경쟁력

남보다 먼저 하는 것이 경쟁력이다.

무엇이든 남보다 먼저 개발하여 시장에 뛰어든다. 그리하여 1999년 국내 최초로 모바일 게임 사업에 뛰어들었다.

영원한 1등은 없다는 신념으로 경영 리스크관리에 철저하다.

1등을 하기 위해서는 시장의 변화를 예의 주시하고, 항상 철저한 준비를 한다.

직원들이 창의력을 발휘하고 아이디어를 개발할 수 있는 최고의 환경을 만든다.

직원 휴식 공간에 신경을 써 12층 건물의 절반이 직원들의 휴식처로 활용되고 있을 정도다.

PART 25

유행 창조

"유행을 쫓기보다 새로운 유행을 만들 때 성공한다."

신철호
임피리얼 팰리스 서울
대표이사 회장

한국적 요소가
유행의
첨단이다

어려서부터 호텔경영에 대한 꿈을 갖다

신철호 회장은 서울 강남에서 부동산 임대업을 하던 일진실업 집안의
둘째 아들로 태어났다. 대학을 졸업하고 폼인테리어가구공업 대표로
있다가 부친의 뜻에 따라 일진실업 부사장으로 들어갔다. 아버지의 뜻
을 받들어 임대 사업을 하는 중에도 그의 마음속에는 '호텔'에 대한 꿈
이 자라고 있었다.

신 회장이 호텔에 대한 꿈을 처음으로 갖게 된 것은 15세 중학생 시
절이었다. 어느 날 아버지를 따라 당시 반도호텔(현 웨스턴조선호텔) 로
비에 들어서는 순간이었다. 그때 그는 정갈하고 세련된 호텔을 보고 마
치 새로운 세계에 온 느낌을 받았다. 또한 자신도 언젠가는 저런 호텔

을 운영해보고 싶다는 꿈을 갖게 되었다.

신 회장은 1989년 마침내 어려서부터 꿈꾸고 있던 호텔을 세웠다. 지상 11층짜리 1급 관광호텔이었다. 그런데 신 회장은 이 호텔을 지으면서 기존 호텔의 스타일을 과감히 허물었다. 그의 호텔은 마치 유럽의 고성(古城)을 방불케 했다. 고급스런 유럽 앤티크 가구를 썼으며, 인테리어는 섬세하고 고풍스럽게 했다. 호텔 이름도 '아미가(阿美家)'였다.

호텔업계에서는 특급호텔도 아닌 1급 관광호텔이 유럽의 고급 호텔처럼 인테리어를 했다는 데에 놀라움을 금치 못했다. 그때까지 우리나라에 그런 호텔은 없었기에 아미가 호텔은 대성공을 거두었다. 호텔의 객석 가동률이 95.7퍼센트라는 놀라운 성적도 냈다. 고객은 대부분 일본 관광객들이었는데, 그들은 마치 유럽의 어느 고성에 온 기분이라며 칭찬을 아끼지 않았다. 입소문이 퍼지면서 호텔을 방문하는 고객들의 수가 점차 늘어났다.

유행을 만들어내다

신 회장이 호텔 아미가를 신축한 계기는 기존의 호텔과 다른 새로운 것을 만들고자 하는 욕망에서 비롯되었다.

신 회장은 국내에 없는 새로운 호텔을 만들고 싶었다.

> "사업가는 멀리 볼 줄 알아야 합니다. 유행을 좇기보다는 새로운 유행을 만들어낼 때 성공합니다."

신 회장은 호텔 신축에 앞서 세계 여러 호텔을 다니며 분석하고 공부하였다. 그러다가 유럽에서 성을 개조한 호텔을 보는 순간 '바로 이거다'라고 생각했다. 그 후 귀국하여 신축한 것이 호텔 아미가였다.

앞을 내다볼 줄 아는 그의 안목은 적중했다. 호텔 아미가는 유명세를 타면서 1996년 특급 2급, 1999년 특급 1급 호텔이 되었다.

경쟁력은 정성이다

신 회장은 이것으로 만족하지 않았다. 자신의 이상대로 새로운 스타일을 창조하기 위해 2005년 1,000억 원이라는 막대한 금액을 투자하여 호텔 아미가를 리노베이션한 것이다.

기존 신관을 증축하고 별관과 대형 컨벤션 센터를 새로 지었다. 객실 수도 기존 200여 개에서 430개로 늘였다. 이름도 '임피리얼 팰리스 서울'로 바꾸었다. 글로벌 시대가 도래할 것임을 내다본 것이다.

임피리얼 팰리스 서울의 경쟁력은 '정성'이다. 호텔 구석구석 어느 곳도 신 회장의 손길이 닿지 않은 곳이 없다. 최대한 정성을 쏟은 것이다.

그는 호텔 곳곳을 갤러리처럼 꾸몄다. 홀과 로비는 신 회장이 수집한 고가의 미술품으로 장식했다. 신 회장은 고객이 내 집처럼 편안하게 쉬면서 우아한 분위기에서 예술적인 감성을 느낄 수 있도록 세심하게 신경을 쓰고 있다.

신 회장이 정성을 들이는 것, 또 하나는 직원이다. 호텔을 세우고 10년 동안 그는 직원들과 가족처럼 함께 살다시피 했다.

와인이 아닌 소주잔을 기울이면서 직원들과 밤새 토론도 한다. 한 달에 한 번 꼴로 직원들과 함께 등산도 한다. 전국 유명한 산은 거의 다 가다시피 했다. 그런 과정에서 그는 직원들과 격의 없는 소통을 가졌다. 그의 이런 행보는 해외에서 돌아왔을 때 한국 기업들의 임원들이 가진 권위의식에 놀란 데서 기인하였다. 자신은 그런 권위의식을 타파하겠다는 생각에서였다.

리더에게 필요한 덕목, 자기희생

신 회장은 리더로서 갖추어야 할 덕목으로 자기희생을 꼽았다.

"리더는 자신보다 직원과 회사를 우선 생각하고 챙길 줄 알아야 합니다."

신 회장이 오늘날 그토록 성공할 수 있었던 것은 다양한 경험을 쌓은 덕분이다. 대학교 다닐 때는 어렵지 않은 가정에서 자랐음에도 불구하고 업종을 가리지 않고 여러 가지 아르바이트를 했다. 졸업 후에는 인테리어 회사를 세워 인테리어에 대한 지식을 쌓았고, 자신의 아버지가 운영하는 회사에서는 집을 짓기도 했는데 그때 서울 논현동에 여러 채 건물을 지었다. 그런 여러 가지 경험이 호텔을 짓는 데 많은 도움이 되었다.

경영철학

신 회장의 경영철학으로는 우선 기존의 방식을 깨는, 새로운 것을 만들어내는 것을 꼽을 수 있다. 그는 기존 호텔의 스타일을 과감히 버리고 새로운 스타일을 만들어냈다.

그의 경영철학 두 번째는, 경쟁력을 높이는 방법으로 한국적인 매뉴얼을 만드는 데서 찾은 것이다. 그리하여 화려한 유럽식 외관에 한국적 요소가 담기기를 원하여 기와지붕을 덮은 호텔을 추구하였다.

신 회장은, 리더는 많은 경험을 쌓아야 하며 자기희생이 필요하다고 강조한다.
그는 자기 자녀들에게도 자신과 똑같은 방법으로 경영수업을 실시하고 있다.

신철호 회장의 유행 창조

개인이나 기업이 성공하기 위해서는 유행을 좇는 것이 아니라 유행을 만들어낼
줄 알아야 한다.

신 회장은 기존의 호텔 스타일을 완전히 깨고 새로운 스타일을 만들
어 호텔업계에 새로운 유행을 만들었다.

호텔의 경쟁력은 정성과 세심함에 있다고 보았다.

신 회장은 호텔 구석구석까지 손길을 뻗어 고객들이 편안하게 쉴 수
있도록 하였다. 또한 고가의 미술품을 호텔 로비에 전시하여 고객들
이 고품격 예술을 감상할 수 있도록 하였다.

PART 26

예술 지원

"재능 있는 예술가의 작품을 사주는 것이 그들을 지원하는 길이다."

기업가로서의
예술에 대한
관심과 지원

예술을 사랑하다

현재 일신방직을 이끌고 있는 김영호 회장은 어느 예술가 못지않은 예술가적인 기질을 타고났다. 그리하여 미술, 음악, 건축, 디자인 등 예술 분야에 심미안을 가지고 있고 전문가 못지않은 지식도 갖추었다. 그래서일까, 그는 재계에서 첫 번째로 손꼽히는 예술 애호가다.

김 회장은 중학교 다닐 때부터 미술과 음악에 관심이 있어 부모님이 외국 출장 때 사 오신 미술책을 오랫동안 보관하고, 매년 12월에 한 번 있는 오페라 공연을 보기 위해 명동 시동관(현 명동 예술극장)을 찾기도 했다.

김 회장은 미국 뉴욕의 프랫대학교에서 건축학을 전공했다. 건축학과 디자인에 관심이 있던 그는 화공과를 전공하라는 선친의 권유가 있었기에 공대에 입학했으나 전공은 자신이 원하는 건축학을 택했다.

미국에서 공부할 때 그는 주말에 카네기 홀과 미술관을 돌아다녔다. 귀국 후 일신방직에 입사하고 나서는 본격적으로 미술품을 수집하기 시작했다.

미술품 수집의 두 가지 원칙

김 회장이 미술품을 수집할 때는 원칙이 있다.

첫째, 마음에 들어야 한다. 그냥 눈으로 봐서 좋으면 산다는 것이다.

둘째, 생존 작가의 작품을 산다.

"예술가가 죽은 후에 유명해져봤자 무슨 소용 있겠는가? 작가들은 자신의 작품을 인정받는 게 가장 큰 보람이다. 따라서 생존해 있을 때 열심히 봐주고 들어줘야 한다. 재능 있는 예술가의 작품을 사주는 것이 그들을 지원하는 길이다."

김 회장이 생존한 작가들의 작품을 사는 이유다.

일신빌딩은 유명 작가의 작품을 볼 수 있는 곳으로 유명하다. 여의도의 일신빌딩은 9~11층을 아트리움으로 꾸며 누구나 관람할 수 있게 개방했다. 한남동 일신빌딩 1층도 전시장으로 꾸며져 있다. 작품은 2~3개월에 한 번씩 교체하는데 역시 김 회장이 선별한다.

현대음악을 좋아하는 김 회장

김 회장은 미술품과 마찬가지로 음악도 현대음악을 좋아한다.

"21세기 음악을 이해하려면 현대음악을 들어야 한다. 동시대의 예술을 듣고 보지 않으면 예술에 접근하기 어렵다."

김 회장은 현대음악의 작곡가들을 위한 일신작곡상을 제정했다. 선정된 곡은 매년 5월 서울스프링실내악축제에서 초연된다.

기업가로서의 능력을 발휘하다

김 회장은 1974년 영업부 차장으로 입사했다. 입사 후 얼마 되지 않아 그는 기업가로서의 능력을 발휘했다. 그의 능력은 가장 먼저 계열회사 '신동'에 취임했을 때 발휘되었다.

당시 봉제업을 하던 신동이 자금난으로 매각될 처지에 놓였다. 김 회장은 수익성이 나쁘지 않고 회복 가능성이 있다고 판단하여 1975년 신동 대표로 취임했다. 그리고 적자였던 회사를 1년 만에 흑자로 돌려놓았다.

1982년 김 회장이 일신방직 사장에 취임한 지 얼마 안 되어 광주 공장에서 불이 났다. 그에게는 최대의 위기였다. 그러나 그는 위기를 기회로 삼았다. 그는 공장을 재건하기 위해 독일, 일본 등 선진국을 방문하여 자동화설비를 들여다본 후 가장 최신식 자동시설을 들여와 새롭게 공장을 가동했다. 그의 공로로 그때부터 섬유 산업은 더 이상 사양 산업이 아니라는 희망적인 말이 섬유업계에 돌게 되었다.

"노동집약적인 봉제 산업은 80년대 후반 중국에 밀려 외국으로 터전을 옮겼지만 방적업은 자동화된 고성능 설비로 경쟁력을 유지할 수 있게 되었다."

김 회장의 말이다.

김 회장도 인정했듯이 중국을 비롯하여 개발도상국들과 경쟁하기가 점점 어려워지고 있는 것이 오늘날 방적업계의 현실이다. 따라서 이런 경쟁을 어떻게 이기느냐가 김 회장을 비롯한 방적업계의 관계자들의 숙제이기도 하다.

경영철학

문화예술이 경영에 미치는 영향은 무엇일까?

다음은 김 회장의 지론이다.

"문화예술과 기업과의 연결고리를 찾는다면 창의성이다. 기업은 잘하는 기업을 벤치마킹해서 모방해도 되지만, 예술은 모방하면 예술이 아니다. 기업을 벤치마킹할 때에도 창의성이 있어야 한다. 예술은 독창성을 길러주고 창의적으로 문제를 해결해준다."

김 회장은 모교인 프랫대학교의 교훈인 '당신의 일에 충실하면 그 일 역시 당신에게 충실할 것이다'라는 말을 좌우명으로 삼아 기업에서나 생활에서 최선을 다하는 것을 경영철학으로 삼았다.

그는 경영에서 예술적 기질을 발휘하여 작은 일에도 치밀하게 일할 것을 강조한다.

김영호 회장의 예술경영

예술을 좋아하는 천부적인 기질을 타고난 김 회장은 그 기질을 꾸준히 살려 최고의 기업인이 되었다.

김 회장은 자신만이 좋아하는 것으로 만족하지 않고 일신빌딩을 예술작품 전시회장으로 만들어 일반인들에게 예술가들의 작품을 감상할 수 있도록 하였다.

생존 작가들의 작품이 중요하다.

김 회장은 예술을 발전시키는 것이 중요하다고 여겨 현재 활동하고 있는 작가들의 작품을 많이 사들임으로써 그들에게 많은 지원을 하였다.

예술의 창의성을 기업경영에 접목시켰다.

기업 활동에서도 창의성을 발휘하도록 하였다. 김 회장은 현대작가와 현대음악을 선호함으로써 항상 현실에서 살아 움직이는 현장경영을 중시하였다.

PART 27

사회적 책임

"경제 리더는 전체 사회를 움직이는 공동체 리더로서 사회 기여의 마인드를 가져야 한다."

신박제
엔엑스피반도체 대표이사 회장,
세계상공회의소연맹 상임의원

경제 리더의
사회적
책임

리더를 꿈꾸다

신박제 회장은 오래전부터 우리나라 전자업계의 전망을 밝게 보고 대
학에서 전자공학을 전공하였다. 중소기업에서 사회 첫발을 내디딘 신
회장은 초기 단계였던 전자 산업의 첨단지식을 배우기 위해 원서를 구
입하였다. 제대로 된 기술과 지식을 터득하여 생산라인에서 우수한 제
품을 생산하는 방법을 알아내기 위해서였다.

　당시 신 회장은 생산라인이 성격에 맞지 않아 고통을 느끼는 직원을
보면 윗사람에게 말하여 그에게 맞는 공정으로 옮기도록 해주기도 하
였다. 이때부터 장차 CEO가 될 성품과 자질이 발휘되었다고 할 수 있
다. 아랫사람을 이해하려고 애썼으며, 윗사람들에게는 회사를 위해 옳

다고 생각하는 바를 소신껏 말하였다. 그러나 그 회사가 자기 능력을 마음껏 발휘할 수 없는 곳임을 깨달은 신 회장은 주저 없이 사표를 내고 그만두었다.

그 후 370대 1의 높은 경쟁률을 뚫고 필립스전자에 입사하였다. 신 회장은 회사의 발전을 위해 일해야 한다는 신념을 가지고, 자신이 하고 싶은 일을 마음껏 펼쳐 필립스전자의 새 역사를 써내려갔다.

영업의 노하우를 익히다

신 회장이 필립스전자 입사 후 영업부에 배치되었을 때 본사에서 생산한 저항기를 국내 기업에 공급하고 있었다. 당시 국내 전자 기업에 저항기 판매를 시도한 신 회장은 몇 달 동안 발품을 팔았지만 거래처를 확보하지 못했다. 그리하여 그는 물꼬를 트는 새로운 영업전략을 수립하였다. 즉, 당시 필립스전자에서 생산한 제품의 우수성을 확신하고 주요 고객들의 명단을 확보한 다음, 고객을 한 사람씩 찾아가 맨투맨 작전으로 달려든 것이다. 결국 그는 설득에 성공하였고 마침내 거래처를 확보할 수 있었다.

신 회장이 영업부에 근무할 때의 에피소드는 유명하다. 외국 기업이라고 판매를 거절하는 일본 기업인에게 반드시 제품을 팔고야 말겠다는 오기가 생긴 것이다. 그는 매일 일본 회사를 방문하여 무려 30번 이상 구매자를 만나 설득한 끝에 제품을 팔았다.

필립스전자에서 몇 년을 보낸 신 회장은 어느 날 본사의 초청 공문을 받는다. 그리고 예상하지도 않았던 필립스전자 최고경영자로 승진되는 영광과 기쁨을 맛본다. 그날 밤, 신 회장은 최고경영자로서 앞으로 필립스전자를 어떻게 운영할 것인가에 대해서 고민하였다.

1993년 7월, 필립스전자 CEO의 자리에 오른 신 회장은 제일 먼저 구매부 전 직원에게 혁신마인드를 불어넣었다. 필립스코리아 구매팀이 아니라 한국 기업의 영업맨이라는 의식을 갖게한 것이다.

그리고 내부 혁신을 계기로 본사 구매팀이 제품 구매 활동에서 원하는 니즈를 파악하고 한국 기업이 좋은 제품을 만들도록 지원하는 데에 최선을 다하였다. 그 결과 취임 2년 만에 필립스전자는 5억 달러에 달하는 부품 및 제품을 본사로 수출하여 연간 총매출액이 11배나 성장하였다. 그 밖에도 신 회장이 경영에서 사고의 혁신을 통해서 얻은 이득은 수없이 많다.

경제 리더로서의 사회적 책임을 강조하다

필립스전자 역사상 최초의 현지 출신 경영자가 된 신 회장은 본사와 현지 고객들의 동반성장을 이룩하였다. 필립스전자의 성장을 통해 외국 기업이 현지의 경제발전에 기여하는 사회공헌 기업의 롤모델을 만든 것이다. 신 회장이 단순히 기업 구성원의 자리에 머물지 않고 사회 리더로서의 소임도 마다하지 않은 경영자로 인정받는 이유다.

기업인으로서 사회에 기여하고자 하는 신 화장의 마인드는 기업의 최고경영자 외에 수많은 직위를 받게 되는 계기가 되었다. 경제 리더의 사회적 리더로서의 책임을 강조한 신 회장은 그 일환으로 1995년 대한 핸드볼협회 회장을 맡게 되었고, 기업인 최초로 1996년 애틀랜타올림픽 한국선수단 단장을 맡게 되었다.

기업경영은 물론 조직경영에 탁월한 성과를 내는 경영자로 인정받았으며, 이로 인해 그에게 부여되는 여러 가지 사회적 소임을 기꺼이 수용하여 리더십을 유감없이 발휘하였다. 신 회장이 사회적 리더로서 그 책임을 다하고 경영자로서도 역할을 다할 수 있었던 것은 경영 현장에서 터득한 지혜 덕분이다.

2006년 신 회장은 주한 외국 기업 CEO들의 모임인 한국외국기업협회 회장으로 선임되었다. 회장 취임 후 그는 대내외적인 업무를 잘 수행하여 협회 발전은 물론 회원 간 커뮤니케이션에도 크게 기여했다. 그 결과 2010년 협회장에 재취임하는 영광을 얻었다.

경영철학

신 회장의 경영철학은 첫째, 전략을 치밀하게 세운 다음 그것에 맞추어 경영을 해나가는 것이다. 둘째, 의식과 실행의 혁신을 강조한다. 그 자신은 물론 구성원들에게도 주인의식을 강조하여 성과를 높인다. 셋째, 오늘보다 내일을 살고자 한다. 즉, 우선 결정하고 보자는 식이 아니라 먼 내일을 바라보고 결정하는 것이다. 넷째, 고객의 니즈를 파악하여 그에 부합한 솔루션을 제공한다. 다섯째, 사회적 리더로서 사회적 책임을 강조한다. 이 책임은 적극적으로 사회에 참여하는 활동임을 강조한다.

신박제 회장의 사회적 책임

소통을 중시한다.

아랫사람을 배려할 줄 알고, 회사나 기업을 위한 일이라면 윗사람들에게 직언할 줄 알아야 한다.

항상 연구하고 공부한다.

자신이 부족한 분야나 처음으로 접하는 분야에 대해서는 연구하고 공부하는 자세를 배우자.

기업인은 사회 리더이다.

사회 리더로서 CEO의 사회에 대한 책임은 사회에 적극적으로 참여하여 공헌할 때 비로소 이룰 수 있는 것임을 자각하자.

PART 28

바람직한 부채

"무차입경영은 바람직하지 않다.
무엇보다도 무차입경영으로는 기업이 성장할 수 없다."

오남수
前 금호아시아나그룹
전략경영본부 사장,
現 대한통운 감사위원회 위원

아름다운
문화의
기업으로

농대 출신이라는 콤플렉스를 극복하기 위해 열심히 일하다

오남수 위원은 기업인치고 드물게 고려대학교 농학과 출신이다. 그는
어려서부터 친구를 좋아했다. 서울에 올라와서 두 형과 함께 자취생활
을 했는데, 그런 생활 속에서도 친구를 좋아하여 자취방으로 친구를 끌
어들여 형들에게 야단을 맞기도 했다.

그는 공부는 뒷전이고 오로지 친구들과 노느라 정신이 없었다. 그렇
게 사귄 친구들이 나중에 그의 자산이 되었다.

그는 은행에 취직하기 위해 고려대학교 경영대학원 무역학과에 진
학했다. 농학과 졸업장으로는 은행에 취직하기가 힘들었기 때문이다.

오 위원은 첫 번째 시험에는 낙방하였으나 두 번째에 합격하여 서울

신탁은행에 입사하였다.

그런데 동기로 입사한 동료들은 거의가 명문대 경영학과나 경제학과 출신이었다. 게다가 처음 만난 상사는 매우 무서운 사람이었다. 오위원은 농대 출신이라는 콤플렉스를 극복하기 위해서, 그리고 무서운 상사의 지도에 힘입어 열심히 일을 했다.

오 위원은 당시 직장을 '인생의 마지막 승부처'라고 생각했다.

그렇게 열심히 일을 한 덕분이었을까, 그 무서운 상사가 금호로 자리를 옮기면서 오 위원을 데려갔다. 그 상사는 임원 직함을 달지 못하고 그만두었으나 오 위원은 30년 6개월 동안 근무하였으며, 게다가 2010년까지 전략경영본부 사장으로서 그룹을 지휘하였다.

500년 역사의 기업을 꿈꾸는 금호그룹

금호아시아나그룹은 2008년 창립 62주년을 맞이하면서 박삼구 회장이 '500년 연속기업'이라는 기업의 비전을 제시하였다. 한 기업이 10년을 버티기 힘들고, 100년이라는 역사 또한 세계 기업에서도 드문 일인데, 하물며 500년이라는 긴 역사를 가진 기업으로 성장하려면 특별한 원동력이나 조건이 있어야 한다.

그 조건으로 오 위원은 무엇을 생각하였을까?

오 위원은 균형 잡힌 사업 구조와 안정성, 그리고 아름다운 문화를 꼽았다. 그러면서 그는 구체적으로 균형 잡힌 사업 구조는 호황과 불황 때의 격차가 작은 업종이라며, 사업부문 간의 균형을 이루어야 좋은 사업이라고 말하였다. 사업의 안정성을 유지하기 위해서는 경쟁력 있는 사업은 계속 키우고 경쟁력 없는 사업은 도태시키는 구조조정을 계속해 나아가야 한다고 주장했다.

오 위원은 아름다운 기업문화를 만들기 위해 지켜야 할 일곱 가지 원칙이 있다고 말했다. 아무리 재무 구조가 좋은 기업이라도 기업문화가 아름답지 못하면 성장할 수 없다는 것이다.

아름다운 기업문화란 무엇인가?

'아름다운 기업'이란 '아름다운 사람들'이라는 아시아나항공의 슬로건을 확장시킨 것이다.

오 위원에 의하면 기업도 사람이나 다름없다. 자신의 자리에서 제 역할과 책임을 다하는 사람이 아름다운 사람이듯, 기업도 본연의 목적을 추구하고 책임을 다할 때 아름다운 법인체로 설 수 있다는 것이다.

이윤을 추구하는 것이 이제는 기업의 목적이 아니라 수단이 되었다는 것이다.

> "주주, 채권단, 내부 구성원 등의 이해관계자, 이런 다양한 주체들의 삶의 질을 높여 모두가 잘살게 하는 그런 회사가 아름다운 기업이다."

아름다운 기업문화의 핵심 코드는 사회적 책임이며, 그것은 고용 창출과 사회 공헌 두 가지로 나눌 수 있다.

사회 공헌의 구체적인 내용으로 일곱 가지 실천 과제를 들고 있다. 즉, 지탄받지 않는 경영, 협력과 상생경영, 장애인 등 소외층 돕기, 헌혈 운동, 문화예술 지원, 아름다운 노사문화, 환경과 안전경영이다.

바람직한 부채비율

오 위원은 무차입경영은 하지 않는다. 그렇다고 과도한 차입을 찬성하는 것도 아니다. 많은 기업의 예에서 보듯이 과도한 부채는 결국 도산을 초래하고 만다. 무차입경영 역시 기업의 발전에 한계가 있다.

적정 부채비율은 150퍼센트라고 오 위원은 말한다. 이 비율이야말로 어느 정도 긴장을 유지하면서 성장해 나아갈 수 있는 적당한 비율이라고 한다. 이 비율에 미치지 못하는 기업들이 많은데 그런 기업은 투자가 불가능하다고 본다. 오 위원에 의하면 투자를 할 수 없고, 안 하기 때문에 부채비율이 낮다는 것이다. 그러나 부채비율이 200퍼센트를 초과하면 도산의 위험이 내재하고 있으므로 언제든지 도산할 수 있다고 본다는 것이다.

아침형 인간

오 위원은 대표적인 아침형 인간이다. 그는 오전 6시 40분이면 사무실에 도착한다. 아시아나컨트리클럽 대표로 근무할 때 몸에 밴 습관이라고 한다. 그 시절 오 위원은 아침 시간을 활용하여 와인 가이드북을 집필하였다. 40페이지짜리 소책자의 비매품으로 5,500부를 찍었으나 찾는 사람이 많아 500부를 더 찍었다고 한다. 이 책을 발간함으로써 그의 생활도 바뀌었다고 한다. 폭탄주를 마시다가 와인을 마시자 다이어트를 하지 않아도 체중이 많이 줄었다.

오 위원의 와인에 비유한 구조조정의 비결은 다음과 같다.

① 희망이 없는 사업은 당장 집어치워라, 싸구려 와인을 없애듯이.
② 괜찮은 사업은 계속 유지하라, 중급 와인을 기회를 만들어 마시듯이.
③ 진짜 좋은 사업은 지켜라, 좋은 와인을 보관하듯이. 좋은 사업을 선택하여 집중하라.
④ 현지인을 글로벌 인재로 양성하라. 현지 직원이 비전이 있어야 현지 법인도 잘 굴러간다.

경영철학

첫째, 경쟁력 있는 사업은 키우고 경쟁력 없는 사업은 도태시킨다. 따라서 언제든지 M&A를 준비한다.

둘째, 아름다운 기업을 추구한다. 아름다운 기업이란 주주, 채권단 협력사, 내부 구성원 등 기업과 관계되어 있는 모든 사람의 삶의 질을 높여 함께 발전해 나아가는 기업이다.

셋째, 고용 창출과 기업의 사회적 책임이 핵심인 아름다운 문화를 지향한다. 아름다운 기업문화를 만들기 위해 일곱 가지 원칙을 마련하여 모두가 지키도록 한다.

오남수 위원의 부채 관점

과도한 부채를 경계한다.

회사의 부채비율은 150퍼센트를 적정선으로 한다. 부채가 없는 무차입경영이 무조건 좋은 것만은 아니다. 성장동력이 없기 때문이다. 반면에 지나치게 과도한 부채는 도산의 위험을 내재하고 있다.

아름다운 기업을 추구한다.

기업과 관계되는 모든 사람들이 함께 행복할 수 있도록 만드는, 아름다운 기업을 표방한다.

아름다운 기업문화를 만든다.

고용 창출과 사회 공헌을 목표로 하는 아름다운 기업문화를 꿈꾼다.

PART 29

배려 리더십

"결국 리더십이란 조직원의 마음을 얻는 것이다."

김종식
前 커민스코리아 대표이사,
現 타타대우 상용차 대표이사 사장

조직원의
마음을
얻어라

목표를 세우다

오늘날에는 흔한 일이지만 당시에는 드물게 김종식 사장은 미국에서 박사학위를 받은 엘리트 중의 엘리트였다. 그가 퍼듀대학교 대학원 공학 박사학위를 취득하고 귀국하자 여러 곳에서 그에게 함께 일하자는 제의를 해왔다. 명문 공과대학교에서 교수직 제의도 받았다.

그러나 그는 산업계에서 자신의 꿈을 펴보겠다는 생각으로 모두 거절하고 잠시 대우중공업 디젤엔진사업부에 몸을 담았으나 6개월 만에 그만두고 커민스와 인연을 맺게 된다. 그가 커민스를 택한 것은 커민스가 장기적인 안목에서 희망이 있으며, 자신의 기계공학적인 관심을 충족시킬 수 있고, 재능을 펼칠 수 있는 회사라고 생각했기 때문이다.

김 사장은 커민스에 입사하면서 자신이 해야 할 역할과 목표를 세웠다.

'앞으로 10년 안에 디렉터급으로 승진하여 부서의 리더가 되자.'

인생을 길게 보고 신중한 선택을 하여 열매를 맺는 삶을 살아가겠다는 결심이었다.

그로부터 10년이 지난 1991년 그는 눈부신 성장을 하여 커민스코리아 대표이사로 임명되어 귀국하였다. 그는 10년 전 서울에서의 약속보다 초과 달성했다는 만족감으로 건배를 들기도 했다. 목표가 있는 사람에게는 먼 길도 한걸음에 도달할 수 있는 지혜가 주어지는 모양이다.

김 사장이 커민스코리아 대표이사에 오르게 된 것은 순전히 운만은 아니다. 그가 커민스 본사인 커민스 중앙연구소에 선임연구원으로 근무할 당시 직원은 약 2만 4,000명으로 모두가 그의 경쟁자이며 동료였다.

그는 경쟁에서 이탈하지 않고 이기기 위해서 몇 가지 목표를 세웠다.

첫째, 내가 잘하는 일부터 해보자.

그는 예의바른 집안에서 자라나 어려서부터 인사성이 밝았다. 커민스에 근무할 때 그는 만나는 직원마다 먼저 인사를 건넸다. 그리하여 회사 내에서 인사성 밝은 사람으로 인정받았다.

둘째, 미국인보다 30퍼센트 더 일을 하자.

김 사장은 중고등학교에 다닐 때부터 남과 같이 일을 해서는 남보다 앞설 수 없다는 것을 깨달았다. 그리하여 커민스 입사 후 남보다 많이 일을 했다.

셋째, 보스보다 반 박자만 앞서가자.

그는 지나치게 상대를 압도하지 않으면서도 선도하는 위치에 서려면 전략적인 태도를 갖는 것이 필요하다는 것을 깨달았다. 그 방법이 한 박자가 아닌 반 박자 앞서는 것이었다.

직원을 배려하는 마음

김 사장은 11년 만에 가족과 함께 귀국하여 커민스코리아 법인을 세우고 직원 6명과 함께 일을 시작했다.

일반적으로 학식도 풍부하고 다방면에서 경험도 많은 40대 CEO가 20대의 젊은 사원들과 호흡을 맞추어 일하는 것은 말처럼 쉽지 않다. 특히 당시 권위주의가 판치던 한국 사회에 젊은 사원들을 위해서 시간과 마음을 준다는 것은 흔한 일이 아니었다. 그러나 김 사장은 지금까지 살아오면서 남을 배려해주고 도와주는 것이 즐거운 일임을 터득했기 때문에 기꺼이 그 역할을 할 수 있었다. 리더가 배려할 때 직원은 감동을 받아 더욱 열심히 일을 하게 되고, 그 조직이 성장하는 것은 당연한 이치다.

그는 직원을 채용할 때에도 '장래 조직의 리더가 될 수 있다'는 비전을 공유함으로써 강한 팀워크를 형성할 수 있었다.

2009년 그는 커민스 중국 사업 총괄 대표이사로 북경에 부임하였다.

수천 명이 일하는 조직의 리더가 되어서도 그의 주요 관심사는 현지 직원을 미래의 CEO로 개발하는 것이었다. 이러한 노력의 결과 그 당시 채용했던 많은 현지 중국인이 현재 커민스의 중추적 역할을 수행하고 있다.

결국 리더십이란 조직원의 마음을 얻는 것이라고 그는 말한다. 조직원의 마음을 얻지 못하면 비전을 제시하고, 전략을 수립하고, 집행하여도 좋은 실적을 얻을 수 없다는 것이다. 즉, 상대의 마음을 얻는 가장 좋은 방법은 상대를 배려해주는 것이다.

CEO를 꿈꾸는 젊은이에게

• 인생은 '무엇을 위해 살았는가?'가 중요하지만 '어떻게 살았는가?' 하는 것이 더 중요하다.

• 직장에서 인정받는 지름길은 남보다 조금 더 일하는 것이다. 일을 잘하는 사람보다 더 인정받고 싶으면 그 사람보다 조금 더 일하면 된다.

• 일을 열심히 한다는 것은 효율적으로 열정을 가지고 일하는 것을 의미한다.

• 조직의 리더를 선택할 때, 단 하나의 캐릭터를 선택한다면, 머리가 좋은 사람보다 열정이 있는 사람, 열정이 있는 사람보다 정직한 사람을

선택한다.

• 진정한 리더십이란 조직원의 마음을 얻는 것이고, 훌륭한 미래의 리더를 개발하는 것이다.

경영철학

첫째, 조직원이나 고객 등 타인을 배려하는 것을 최우선으로 삼는다. 미래에 대한 비전을 조직원과 함께 공유하며, 그들 모두가 리더가 될 수 있음을 제시해준다.

둘째, 조직원의 마음을 열어 공동의 비즈니스 목표를 갖고 일하도록 하는 것이 리더의 덕목이다.

셋째, 나보다 남을 위해 봉사하는 삶의 마인드로 기업을 운영한다.

김종식 사장의 배려 리더십

나보다 남을 먼저 생각한다.

자신보다 직원을 먼저 생각한다. 어떤 문제가 있을 때 직원의 입장에서 생각한다.

리더는 왕이 아니다.

리더라는 권위의식을 버린다. 그래야만 직원과 격의 없는 소통이 가능하다.

의식의 혁명을 유도한다.

'우리의 고객은 누구입니까? 우리의 미션은 무엇입니까?'라는 질문을 아침 조회 때마다 반복해서 암기하도록 하여 의식의 혁명을 유도한다.

최고의 CEO로부터 배우자

CEO를 꿈꾸는 사람들은 물론, 기업에 몸담고 있는 모든 이가 최고의 CEO로부터 배워야 할 점이 무엇일까?

최고의 CEO들은 대부분 일찍부터 CEO가 되겠다는 목표를 가졌다.

김성주 성주그룹 회장은 중학교 때 불쌍한 친구를 보고 사회가 불공평하다는 것을 느꼈고 그래서 사업을 결심했다. 원철우 듀폰코리아 사장을 위시해서 많은 CEO가 직장에 다닐 때부터 CEO가 되겠다는 목표를 세우고 차근차근 배우면서 그 과정을 밟아갔다.

최고의 CEO들은 안주하지 않고 계속 자신의 미래를 개척해 나아갔다. 그들은 하나의 목표가 달성되면 다음 목표를 향해 전진했다. 그렇다고 그들이 손쉽게 만져지는 목표를 정한 것은 아니다. 그들은 아주 어렵고 불가능해 보이는 일에 도전했다.

그 바탕에는 자신감과 신념이 자리하고 있었다. 꿈을 이룰 힘은 자신에게서 나온다. 그들은 뭐든지 이룰 수 있다는 생각을 가지고 있었기에 결국 많은 것을 이룰 수 있었다. 그들에게는 최선을 다해 반드시 이루겠다는 의지와 책임감이 있었다.

원하는 것을 얻기 위해서는 자신을 믿어야 한다. 그리고 이룰 수 있다는 믿음과 신념을 가져야 한다.

최고의 CEO들은 새로운 목표를 이루기 위해 도전을 거듭했다. 그리고 자신을 따르는 사람들에게 길을 열어주었다.

최고의 CEO들은 말과 행동이 일치한다. 말과 행동이 일치한다는 것은 진솔하다는 의미다. 그것이 어긋났을 때 직원들이나 고객들의 신뢰를 잃어버린다.

우리나라를 이끄는 최고의 CEO들은 모든 것을 포용할 만큼 그릇이 크다. 그릇이 크기 때문에 숨기는 것이 없으며, 투명경영을 한다. 최고 CEO의 솔직함과 투명경영은 사람들을 감동시키고, 감동은 사람들을 설득시킨다.

최고의 CEO는 어떤 문제도 회피하지 않는다. 늘 적극적으로 임직원이나 주위 사람들을 만나고, 경청하고 의견을 교환하고, 자기가 할일을 잘 처리해 나아간다.

그들에게는 뜨거운 열정이 있다. 열정이 좋은 성과를 가져다준다.

최고의 CEO들은 능력이 뛰어났다. 그러나 그들이 이룬 업적은 능력이 뛰어나서가 아니라 포기하지 않고 꾸준히 노력한 결과다. 포기하지 않았던 열정 덕분이다.

최고의 CEO들은 어떤 일이든 전력을 다한다. 그런 열정이 직원들과 고객을 감동시킨다. 많은 문제가 그런 열정으로 인해 해결되었다.

최고의 CEO들은 대화 시 경청한다. 그들은 들으면서 상대의 이야기 속에서 아이디어를 찾는다. 상대가 누구이든 간에 배우겠다는 적극적인 자세로 귀를 연다.

최고의 CEO는 자신에게 오는 기회를 놓치지 않는다. 사실, 기회를 놓치지 말라고 하는 것은 교훈이다. 그리고 어느 누구에게든 기회는 찾아온다. 그런데 보통 사람들은 기회가 와도 잡지 못한다. 그러나 CEO는 기회가 오면 반드시 잡아서 활용한다.

최고의 CEO는 앞을 바라보는 통찰력이 있다. 현재 어떤 상황이든지 그들은 미래를 준비한다. 그들은 미래를 준비하는 방법으로 개혁과 혁신을 택한다. 늘 그들은 현실에 안주하지 않는다. 늘 그들은 담대한 희망을 가진다.

| 참고 자료 |

『세계를 감동시킨 CEO 리더십』, 신박제 외 15인 공저 | 휘즈프레스

『한국의 CEO는 무엇으로 사는가』, 이필재, 유승렬 공저 | 부키

『한국 CEO의 경영 연금술』, 정승훈 저 | 평단문화사

『한국의 젊은 CEO』, 이형근, 한정훈 공저 | 페가수스

〈포브스코리아〉, 2013년 2월호

〈포브스코리아〉, 2012년 11월호

〈포브스코리아〉, 2012년 5월호

대한민국 최고의 CEO

1판 1쇄 인쇄 2013년 8월 5일
1판 1쇄 발행 2013년 8월 12일

지은이 이주민
펴낸이 임종관
펴낸곳 미래북
북디자인 디자인홍시
등록 제 302-2003-000326호
주소 서울시 용산구 효창동 5-421호
마케팅 경기도 고양시 덕양구 화정동 965번지 한화 오벨리스크 1901호
전화 02)738-1227(대) | 팩스 02)738-1228
이메일 miraebook@hotmail.com

ISBN 978-89-92289-54-2 03320